Resentidos, torpes y traidores

Resentidos, torpes y traidores

Alfonso Ussía

EDICIONES B
GRUPO ZETA

Barcelona • Bogotá • Buenos Aires • Caracas • Madrid • México D.F. • Montevideo • Quito • Santiago de Chile

1.ª edición: diciembre 2006

Bailén, 84 - 08009 Barcelona (España)
www.edicionesb.com

Printed in Spain
ISBN 13: 978-84-666-3026-9
Depósito legal: B. 52.192-2006

Impreso por ROMANYÀ VALLS, S.A.

Aclaración

Este libro trata, principalmente, de los resentidos, torpes y traidores que están convirtiendo España en un abismo hacia la basura. Pero también hay escritos dedicados a personas admirables. Y textos de humor. Y memorias de poesías. Y homenajes al talento de unos y a los buenos sentimientos de muchos. Lo hago para no envenenar la salud de los lectores. Entre sapo y sapo, una luz. La aclaración, por ello, es precisa y conveniente.

ALFONSO USSÍA

La Razón, *25 de noviembre de 2005*

Las calles

El Ayuntamiento de Madrid ha aprobado bautizar dos futuras calles de la Capital de España con los nombres de los escritores Jaime Campmany y Eduardo Haro Tecglen, recientemente fallecidos. Se habla de resentimientos, rencores y guerracivilismo, pero sólo se encuentra en la llamada izquierda. Porque la calle de Eduardo Haro Tecglen fue aprobada por unanimidad con los votos del Partido Popular —que la propuso—, del PSOE y de Izquierda Unida. Pero la de Jaime Campmany sólo contó con la mayoría del PP. Eduardo Haro Tecglen fue buen escritor, muy escorado en las últimas décadas a la izquierda menos reflexiva y viejo enaltecedor de la figura de Franco y José Antonio. Escribía en *El País* y tenía la bula de la amnistía. Jaime Campmany fue un escritor portentoso, de fabulosa cultura, dominador de todos los géneros literarios y trucos de la palabra. En su tiempo, dirigió el *Arriba* y se abrazó sin prudencia alguna a la libertad. Pero si a Haro Tecglen se le perdonaron sus entusiasmos franquistas, a Jaime Campmany no, siendo el segundo —con perdón y al menos para mí— un escritor infinitamente mejor que el primero. Incluso han aprovechado su voto negativo, su afirmación en el resentimiento y la división, para insultar a Jaime. Rosa León, de cuya persona no se esperan exabruptos y groserías, ha tratado la memoria de Jaime Campmany con un desprecio y una injusticia miserables. En el fondo, todo tiene que ver con los complejitos del Partido Popular, que ha establecido un equilibrio entre los méritos literarios de uno y del otro, metiéndolos en el mismo saco con la esperanza de recibir la generosidad de los resentidos, lo que resulta imposible.

Pero Jaime, que no quería calles, que no quería honores, que pagó carísimo su paso —brillantísimo por cierto— por un periódico del Movimiento, que fundó *Época*, un semanario que bajo su dirección vivió quince años de preciosa libertad y que dejó en su columna diaria de *ABC* su inmenso talento, agudeza, humor, cultura, dominio de la palabra y genialidad en su conjunto, no merecía el desafecto y los insultos de unos concejales mediocres anclados en el pasado, e incapaces de reconocer y premiar a un escritor portentoso. Jaime era un jefe de tribu, su familia, que sólo gustaba de estar rodeado de los suyos y de sus amigos, y que jamás pretendió nada fuera de su normalidad. Después del error de proponerlos juntos, el PP ha tenido la elegancia de olvidar todas las barbaridades que escribió Haro Tecglen de la derecha democrática y de sus representantes. Pero el PSOE e Izquierda Unida no saben olvidar, ni perdonar, ni reconocer, ni valorar. El rencor vuela en ellos por encima de la cultura. El resentimiento por encima de la sensibilidad. El odio por encima de la justicia. Son unos pobres memos prisioneros de sus innecesariedades. Habrá en Madrid una calle con el nombre de Eduardo, y otra con el nombre de Jaime. Me gusta que sea así. Sólo le pido al Ayuntamiento que la de Jaime tenga más árboles frondosos de reconciliación y buena sombra.

La Razón, *27 de noviembre de 2005*

Poesía popular

Si ustedes me lo permiten, hoy no voy a escribir de políticos. Una sola referencia. En Barcelona, el presidente del Parlamento catalán, el iletrado Benach, ante el Príncipe de Asturias, aprovechó el acto de inauguración de la V Conferencia de presidentes de Parlamentos Euromediterráneos para reivindicar la obsesión del Estatuto y el término «nación catalana». El Príncipe inició su intervención dando la bienvenida a los visitantes foráneos en catalán con un «bienvenidos a España» que dejó literalmente fornicados a Maragall y Benach. Paso página. Y me topo con la poesía popular, los versos rescatados del olvido, lo bueno arrinconado por los pedantes.

Mi compadre Antonio Burgos ha hecho un esfuerzo compilatorio y ha convertido en libro su apasionado recorrido por la poesía popular de España. Se titula su obra *Rapsodia española*, y ha sido editada por la Esfera de los Libros con un compacto añadido. Sobra el compacto, porque lo fundamental está en sus páginas. Libro que será odiado por los pedantes. La pedantería literaria está en la envidia. Poetas y críticos incapaces de llegar al pueblo, a los paisajes, a la ráfaga común de la alegría y la pena, la melancolía y la distancia. Eso, que reunido en el ser querido o deseado, se llama amor. La *Rapsodia española* de Antonio Burgos es un bellísimo y vertiginoso libro dedicado al amor por la poesía popular. Poemas que lee el pueblo, canta el pueblo y terminan por ser patrimonio del pueblo, como escribió Manuel Machado: «Hasta que el pueblo las canta, / las coplas, coplas no son, / y cuando las canta el pueblo, / ya nadie sabe el autor.» Siempre falta alguno, pero en el libro de Antonio están casi todos. Rafael de León, José María Pemán, Agustín de Foxá, El Pastor Poeta, José Carlos de Luna, Rafael Duyos, Manuel Benítez Carrasco, Joaquín Romero Murube, Ramos Carrión, y los Machado, y los Quintero, y desde su poesía popular, también Gerardo Diego, y Cernuda, Hernández y León Felipe. Y claro, el fantástico Manolo Alcántara, y el despreciado jesuita Ramón Cué, y... Los que están, están muy bien puestos.

El romance de la Infanta Isabel en los toros de Rafael Duyos. «Las muertes de Sevilla», portentoso poema de Rafael de León. «El niño de la Palma», de Rafael Alberti. El «Romance del Rey Muerto», de Agustín de Foxá, que ha pasado de la generación de Alfonso XIII a la del Príncipe de Asturias pasando por las de Don Juan y Don Juan Carlos. «En el cuarto de un hotel / está muerto el rey de España, / con el manto de la Virgen / y la Cruz de Calatrava.» Fernando Villalón con sus bandoleros, y en sus marismas, jinetes de acero, toros y garrochistas. Pemán en su «Feria de Jerez» y la bellísima «Elegía del mariscador», Manuel Machado que en lo popular sobrevuela a Antonio. Y José Carlos de Luna, que Antonio Burgos descubre que es el inventor del *rap*. Y también el estupendo Gabriel y Galán, cuyo centenario de su muerte se cumple en este 2005 —lo recordó el gran poeta José Miguel Santiago Castelo en la presentación del libro—, y que ha merecido el desprecio del Ministerio de Cultura. Probablemente, porque Carmen Calvo cree que el poeta extremeño son dos, Gabriel y Galán, y no tiene dinero para homenajear a tantos. Y esa maravilla de Manuel Alcántara, que no quiere que lo despierten el día de la Resurrección. «Cuando se acabe la muerte / si gritan ¡a levantarse! / a mí, que no me despierten.» Y León Manjón, y Santiago Castelo, y el propio Antonio Burgos, con sus preciosas habaneras de Cádiz y de Sevilla. No es posible mencionar a todos, que la sola relación de los poetas elegidos cubriría el espacio de este artículo. Pero ahí están, lo repito, todos muy bien, recordando recordando a los cretinos de las bulas literarias que la mejor poesía popular lo es, precisamente, por su altísimo nivel literario y poético. Poesía, en buena parte, desperdigada, entregada al viento, y de golpe, recogida y recuperada por un poeta de Sevilla. Los sevillanos se sacan los unos a los otros, y Antonio Burgos no olvida el epitafio de Rafael Montesinos: «He vivido cuatro días; / tres no fueron sevillanos. / Llevadme a la tierra mía.» Predomina en la recopilación que hace *Rapsodia española* el poeta andaluz. «¿Qué hacen los poetas andaluces de ahora?», se preguntaba Alberti. Pregunta muy tonta, porque hacían lo que hicieron siempre. Escribir, como él, para el paisaje, el pueblo, la melancolía y el amor.

Lo que volaba de boca en boca, de generación en generación, lo bueno, lo popular, es decir, lo que permanece, por ello es lo clásico, lo ha reunido Antonio Burgos en esta *Rapsodia española*. ¡Qué bien suena lo de española! Fuera la pedantería, fuera las pretensiones y las vanidades. Y todo junto, el talento, el ingenio, la gracia, la oportunidad, el requiebro, la tristeza, la armonía. Eso, el donaire, que tanto echamos de menos.

La Razón, 3 de diciembre de 2005

Down

Para mí, que nos sobrevuelan. Tienen mucho más desarrollada la sensibilidad y el sentido de la vida. Algunos de ellos viven rodeados de personas que les llenan de cariño recurriendo a la lástima. Y lo notan. Y se preguntan: ¿Por qué me tratan como si fuera inferior? ¿Por qué les doy pena cuando soy tan feliz? Nacieron con una simple alteración genética, pero ya han demostrado que pueden llegar a lo más alto. Estudian, se cultivan, trabajan, cumplen y más de uno ha culminado su carrera universitaria. Tienen siempre a punto la ironía y la sonrisa. Cuando nacen con esa alteración genética que se conoce como «síndrome de Down», la primera reacción de sus padres y de su familia es el lamento, la mala suerte, la tragedia. A los pocos meses, ese niño o esa niña se convierten en una alegría permanente, contagiosa e insustituible. En una familia no hay hijo que pueda ser sustituido por otro. Todos son imprescindibles para equilibrar la armonía. Pero por la experiencia que me han trasladado amigos con hijos o nietos con el síndrome de Down, esos niños son más insustituibles que nadie. Y además, son unos cachondos, como lo demuestra Guillem, una de las más de treinta mil personas con el síndrome de Down que viven en España. «No soy un enfermo, ni un retrasado, ni un deficiente, ni un subnormal. Y no entiendo por qué me llaman mongólico si he nacido en España y no en Mongolia.»

Pero hay que saber educarlos, llevarlos y hacerles fuertes. Como a los considerados «normales», muchos de los cuales protagonizan a lo largo de sus vidas muchas más anormalidades que los portadores del síndrome. Hablo con ellos y siempre me sorprenden. Tienen un gran sentido del humor. Saben que son diferentes, pero les molesta que se les trate de manera distinta a los demás. He sido vecino durante treinta años de Iñigo, que se nos marchó meses atrás. Era listísimo, y se perdía por las tardes en cines, teatros, bares y cafeterías. Me lo encontré una tarde en el Teatro del Centro Cultural de Madrid. Una obra aburrida. Al salir me hizo la crítica con una síntesis y una precisión prodigiosas. «Decorado malo, buen diálogo, bastante larga y las actrices, feas.» Porque a Iñigo le gustaban las actrices guapas, como a usted, como a mí y como al lucero del alba. Y entonces se reía, te obligaba a convidarle a una copa, pedía dinero para un taxi y se quedaba en la barra de la cafetería piropeando a las camareras. «Éstas son guapas de verdad, Ussía.»

Se dice que en España nacen más niños con síndrome de Down que en el resto de las naciones europeas, exceptuando a Irlanda. Se está celebrando en Madrid un Congreso de familias afectadas. No me gusta eso de «afectadas». En el fondo, son familias agraciadas por una irregularidad siempre positiva. Tener en casa a un ser humano que no conoce el mal es un privilegio. El mal lo llevamos dentro los que no padecemos el síndrome de Down. Al final, resulta que los familiares de niños y personas con el síndrome son unos elegidos. Los únicos, problemas aparte, que aprenden a vivir en la tierra entre la sonrisa de los ángeles.

La Razón, *4 de diciembre de 2005*

El desconcierto

Un viejo amigo inglés, que viene a España todos los años por estas fechas —es un cazador compulsivo—, me formuló ayer una pregunta difícil. —Si el Partido Popular ha convocado una concentración en respaldo a la Constitución, ¿por qué se han enfadado tanto los socialistas?—. Este hombre es inglés y no nos entiende. También podría suceder que los convocantes de la concentración a favor de la Constitución y los que acudan a ella piensen como los ingleses. En ese caso, debo reconocer que soy profundamente inglés, porque creo que la Constitución no debe ser alterada por el chantaje de los nacionalistas, que son los más españoles de todos, por rabiosos. Desconcierto descomunal. En 1978 los españoles, bajo la tutela del Rey, decidieron reconciliarse. Los grupos parlamentarios constituyentes redactaron una Constitución consensuada y aceptada por todos. Dicha Constitución recibió el apoyo democrático en un refrendo de más del noventa por ciento de los votantes. Y al cabo de los años, un partido político democrático convoca una manifestación en homenaje a esa Constitución y el partido del Gobierno, coautor fundamental en su redacción y contenidos, dice que se trata de una «manifestación callejera». Bueno, eso lo ha dicho la vicepresidenta del Gobierno, que está claro que no le gusta la Constitución, pero aún ha sido peor lo salido por la boca de Alfredo Pérez Rubalcaba. Que la manifestación es un acto contra Cataluña y los catalanes. Y aquí, tengo que reconocer que me han desconcertado del todo, porque Cataluña y los catalanes, como Castilla y los castellanos, Andalucía y los andaluces y Cantabria y los montañeses, están en esa Constitución ampliamente amparados y respetados. Y no se me pasa por la cabeza que un acto constitucionalista pueda ser interpretado como una convocatoria agresiva contra una parte de España y sus habitantes. O Rubalcaba, de tanto tergiversar las cosas, se ha vuelto definitivamente mochales, o los partidarios de la Constitución de 1978, como antes escribía, somos ingleses.

Sucede, y voy a intentar no calentarme, que defender la Constitución de la reconciliación y las libertades es ahora propio de fascistas. —Aquellos que voten contra la libertad son unos fascistas—, decían los socialistas en 1978. ¿En qué quedamos? —Esta Constitución rompe definitivamente con el franquismo—, repetían unos y otros. De acuerdo; entonces, ¿por qué somos franquistas ahora los defensores de la Constitución? ¿Por qué no acude ningún socialista a la concentración proconstitucional? ¿Qué somos los partidarios de la Carta Magna que a todos nos obliga y nos ampara? ¿Franquistas, fascistas o ingleses?

El problema es otro. Ese enfado colectivo de los socialistas no es otra cosa que la consecuencia de una situación de unánimes culos en pompa. El dirigente socialista, figurado en dibujo en el pensamiento, es un señor o una señora con las nalgas ofrecidas al chantaje de los nacionalistas. El premio al traspuntín en hinojos es la delicia del poder. El poder es la compensación a la dolorosa penetración del nacionalismo. Poder a cambio de recibir por retambufa. Puede resultarle agradable a algunos, pero hay millones de españoles, desde ahora ingleses, que no comprendemos a los socialistas. Y lo malo es que entre esos millones de españoles con lógica británica, hay centenares de miles de votantes y militantes socialistas que tampoco los entienden. Ya empiezan a decirlo, pero con excesiva cautela.

Y el resumen no puede ser otro que la traición a la Constitución. Para gobernar en España, les obligan a traicionar a la Constitución de España. El desconcierto es monumental. Y como no saben cómo explicarlo, se esconden en los maniqueísmos y las gilipolleces. Darle la vuelta al sentido común y acusar de provocadores a quienes se defienden de las provocaciones de los fascistas actuales, que no son los que defienden la Constitución, sino los que quieren desnaturalizarla. Porque este Gobierno de España, por sus maneras y sus concesiones, no es otra cosa que un Gobierno en cuclillas sometido a la minoría fascista del nacionalismo radical catalán. Y entonces tienen que decir cosas que no sienten y justificar lo injustificable, porque de lo contrario se verían obligados a convocar elecciones generales, y en las actuales circunstancias, destinados a pederlas. Por seguir en el poder en el Gobierno de España van a terminar con España. Y a los que defiendan a España y a su Constitución se les dice que son unos fascistas que odian a Cataluña. Además de gilipollas, miserables.

En pocos meses, les cabrá por detrás una mortadela entera.

La Razón, *11 de diciembre de 2005*

Thank you

En la puerta del número 10 de Downing Street, aparece Zapatero saludando al anfitrión, Tony Blair. Blair le está diciendo algo y Zapatero ríe. No se sabe de qué. Zapatero no entiende ni patata de inglés. Es comprensible que no tenga en la actualidad tiempo para dar clases, pero ha desperdiciado muchas horas anteriormente en su vida. Un presidente de Gobierno de una nación occidental está obligado a dominar, al menos, dos idiomas además del suyo. De los presidentes del Gobierno de nuestra democracia, sólo Leopoldo Calvo Sotelo era políglota. Pero duró poco en el cargo y apenas tuvo tiempo para demostrar sus dotes. Adolfo Suárez forma parte de la llamada «generación Gibraltar». Aprender inglés constituía una traición a España. Felipe González chapurreaba el francés. José María Aznar ha sido el único que simultaneó sus obligaciones políticas con cursos acelerados de inglés. Su pronunciación es, más o menos, como la del gran José Luis Garci, pero en la actualidad da conferencias en los Estados Unidos y el público capta el sentido de sus palabras. Y Zapatero es un cero patatero en idiomas. Hay mucho de paleto en ello. El gran políglota de la política española en este último tramo ha sido Jordi Pujol, que además de hablar el español y el catalán con fluidez y donaire, domina el inglés, el francés y el alemán. También habla el alemán divinamente Javier Arzallus. Lo aprendió cuando creía más en Dios que en el Diablo, y cubría su estructura de rubio roble vasco con la zaína sotana de los viejos jesuitas. Fue durante muchos años el capellán de la Embajada de España en Bonn, siendo su embajador uno de los hermanos Sebastián de Erice, y en las preces jamás se olvidaba de pedir «por nuestro invicto Caudillo». Me decía el padre Ramón Ceñal, un jesuita con una espiritualidad e inteligencia portentosas, traductor de Kant e intérprete de Caramuel, que Arzallus había nacido para hablar alemán. El emperador Carlos usaba el alemán para otros menesteres. Así lo decía: «A Dios le hablo en español, a las mujeres en italiano, a los hombres en francés y a mi caballo en alemán.» Baltasar Gracián, inspirándose en el Emperador, escribió que el español es la lengua de los enamorados, el italiano, la de los cantantes, el francés la de los diplomáticos, el inglés la de los poderosos y el alemán la de los caballos. Injustos uno como el otro, porque el alemán es un idioma que puede sonar a melodía prodigiosa cuando lo pronuncia una mujer. Richard Porson dijo que la vida es demasiado corta para aprender alemán. Para Zapatero, cortísima para saber dos frases hechas en inglés que le alivien de los sonrojos. Aquellos reyes y emperadores, escritores, filósofos y científicos no tenían en cuenta al catalán, y menos aún al vascuence. Eran todos unos fascistas impresentables. Menos mal que la Sociedad General de Autores va a premiar a Chejov y Julio Verne por escribir en vasco y catalán. Ambos fallecieron sin saber que lo habían conseguido. Deberían confeccionar un cartel con sus retratos para la campaña «Una nació, una selecció», porque Chejov, como Stoitckov, el búlgaro que nos llegó del frío, era catalán de toda la vida y en lugar de hacerse los abrigos de piel en Moscú, los compraba en Papiolas y Pirretas, la gran peletería barcelonesa de la burguesía catalana.

Zapatero ni mú. En la rueda de prensa, después de entrevistarse con Blair, un periodista inglés le formuló una pregunta. Zapatero sonrió y le dijo: «Sólo hablo español, *thank you.*» La parte «sólo hablo español» se me antoja una salida paleta, pero inevitable. Lo que no entiendo es el *thank you*. No venía a cuento. Dar las gracias por hablar sólo en español es una bobada. Lo correcto hubiera sido decir «sólo hablo español, lo siento». Pero es que este hombre que se ríe tanto también agradece una barbaridad. Todo es consecuencia de su formación deficiente, y de ahí su lenguaje corporal en las reuniones internacionales, disecada la sonrisa, los brazos pegados al cuerpo y la timidez sonrojada en todos sus ademanes. Es el hombre de los impasibles ademanes, aunque no lo pretenda.

Le quedan dos años de malos tratos. Creo que hay academias especializadas en enseñar inglés en muy corto espacio de tiempo. Ha visto quinientas veces la película *Bambi* con sus hijas. Mil horas perdidas. Una buena planificación académica en mil horas, y Zapatero sabría decir, al menos, y con aceptable pronunciación, diez o doce frases en inglés. Por ejemplo, «Tony, *thank you*, a ver cuando hablamos de Gibraltar, *thank you*, o de lo que tú quieras, *thank you, please, thank you*». Lo que se dice, una frase coherente y digna de un gran mandatario como es él.

Con esa ignorancia en los idiomas no vamos a ninguna parte. Y menos aún si a ninguna parte acudimos sin traductor, que tampoco lo llevaba. Paleto, más que paleto, *thank you*.

La Razón, *16 de diciembre de 2005*

Que le den

Francia nos entrega hoy a la criatura. Un animal sanguinario, un depredador. Mejor una jaula segura en un zoológico que la cárcel. Una jaula de alta seguridad entre los primates. Pobres primates. Y un zoológico muy separado del País Vasco, por si las moscas. En las islas Canarias. Pobres islas Canarias que no tienen culpa de nada. Por lo menos, que se fastidien sus familiares cada vez que quieran visitar al mono asesino. Un centro penitenciario resulta excesivamente digno para esa bestia.

Francia nos entrega hoy a Francisco Javier García Gaztelu. Participó en el asesinato de Fernando Buesa y de su escolta. Mientras Miguel Ángel Blanco era sujetado por otro mono criminal, García Gaztelu le disparó a la cabeza al concejal del Partido Popular. María San Gil y Gregorio Ordóñez tomaban el aperitivo en un bar de pinchos de la Parte Vieja de San Sebastián. Gregorio Ordóñez no pudo verle, pero sí María San Gil. García Gaztelu, de un disparo en la nuca y a bocajarro, mató al dirigente popular donostiarra. Y lo mismo hizo con el brigada de Infantería Mariano de Juan, y con el inspector de Policía Enrique Nieto, y con el abogado de San Sebastián Fernando Múgica, hermano del defensor del Pueblo,

Enrique Múgica. Y con los concejales del PP —muertes anunciadas—, José Luis Caso, Manuel Zamarreño y José Ignacio Iruretagoyena. Después de segar la vida de José Ignacio, el mono criminal y su pareja asesina, una tal Irantzu Gallastegui —ya en chirona, la hijaputa—, celebraron el éxito de su hazaña con una cena especial. El tercer miembro de la pequeña manada de monos asesinos, José Luis Geresta Múgica, conocido en las cloacas por Oker, se suicidó. Tuvo esa feliz idea que tanto le agradecemos. Nos privó a los españoles de darle alojamiento y mantenimiento durante años. Un suicidio perfecto. Un sector de la sociedad vasca considera a estos monos héroes revolucionarios. Sus amigos batasunos merecen en la actualidad las simpatías de Pachi López y el nuevo socialismo vasco. Fernando Buesa y Fernando Múgica eran socialistas, pero ese detalle no importa. Eran socialistas de la cuerda de Nicolás Redondo Terreros, o Rosa Díez, o los hermanos Pagazaurtundúa, o Gotzone Mora, o Carlos Totorica. Es decir, unos socialistas firmemente enfrentados a la barbarie terrorista, y por lo tanto, inservibles para el proyecto de López y Zapatero. Y Miguel Ángel Blanco, José Luis Caso, Manuel Zamarreño y José Ignacio Iruretagoyena eran del Partido Popular, y por lo tanto, intolerantes y carentes de talante. Como el brigada De Juan Santamaría, un militar. ¿Qué importancia puede tener matar a un militar? Y el inspector de Policía Enrique Nieto, lo mismo. ¿Quién le mandó hacerse policía? Pelillos a la mar.

Pero somos muchos, decenas de millones, los españoles que seguimos creyendo en la Justicia y en la vida. Que nos sentimos confortados cuando un mono criminal como Gaztelu se topa con las rejas. Unos prefieren las rejas de las prisiones. Yo, en este caso, insisto en la bondad de un zoo de alta seguridad. Para ver cómo envejece el muy cabrón mientras le da por retambufa un gorila.

La Razón, 17 de diciembre de 2005

El doctor

La Universidad de Alcalá de Henares, que es una Universidad seria y gloriosa, ha elevado a Antonio Mingote al doctorado por causa del honor. En el lugar de Cervantes se ha rendido homenaje al talento, la genialidad e inteligencia del más alto discípulo del maestro universal. También, al mejor intérprete gráfico de su Quijote. Además de por motivos de su honor, de su decencia, de su trayectoria, de su obra monumental y de su sabiduría cervantina, el nuevo doctor está donde está por la riqueza derrochadora de su cultura. Me parece estupendo este doctor, que sonríe cuando cita a Goethe y Sócrates en sus discursos. No porque los desprecie, sino porque otros al citarlos se emocionan, y eso al doctor le hace mucha gracia. Porque éste es un doctor de una pieza, pero también muy raro. Es un doctor permanentemente empeñado en aprender. Es el doctor mejor alumno de la vida que uno ha conocido. El doctor con menos capacidad para valorarse a sí mismo. Un doctor que va por el mundo huyendo del reconocimiento y los elogios. Le abruman. Se pone como un tomate cuando le dicen que todo lo suyo está muy bien. Se refieren a él, al nuevo doctor, como el maestro de los dibujantes, de los humoristas gráficos.

Tienen razón. Pero el torrente de ingenio que el doctor regala como dibujante no es el único río de talento que se mueve en su interior. El doctor es también un gran pintor, un gran escritor, un gran conversador, un gran humanista en suma. Considera que su éxito es consecuencia de su trabajo, no de su excelencia artística e intelectual. El nuevo doctor es también un filósofo, un lujo renacentista. Lo malo es que no coincidió con el Renacimiento. Y lo bueno es que no lo hiciera, pues en tal caso, no habría coincidido con nosotros. En uno de sus dibujos más queridos por mí, en ese prodigio en el que retrata en su *Historia de Madrid* algunos de los personajes con los que se podía topar cualquier transeúnte por las calles madrileñas en los primeros años del siglo XVII, y que no son otros que Cervantes, Quevedo, Góngora, el conde de Villamediana, El Greco, Tirso de Molina, Lope de Vega, Francisco de Rioja, Mateo Alemán, Ruiz de Alarcón, Pacheco de Narváez, Agustín de Rojas y el niño Pedrito Calderón de la Barca de la mano de una fámula tan altiva como buenorra, sólo se echa de menos una figura. La del propio doctor, que hubiera sido saludado y agasajado por todos ellos en el caso de una milagrosa coincidencia.

A media mañana, ya vuelto a su casa después de pasear por El Retiro —del que es alcalde Honorario—, y conversar con todos y cada uno de sus amigos los árboles, he hablado con el doctor para expresarle mi alegría por su nueva dignidad, y tengo que decir que no ha cambiado nada con su doctorado. Mantiene su habitual inexpresividad telefónica y le sigue produciendo una especial molestia recibir una felicitación. El doctor es así y no hay tiempo ni motivo para cambiar su carácter. Pero yo sé muy bien que por los suyos, por su trabajo, su vida, su talento entregado y por Cervantes, en esta ocasión y sin que sirva de precedente, el doctor se ha emocionado.

La Razón, *18 de diciembre de 2005*

Fuera de la ley

A partir del 1 de enero de 2006 seré un perseguido por la Justicia. Estoy decidido a no cumplir ni respetar la brutal ley antitabaco. He dado instrucciones al director de mi agencia bancaria para que congele una parte de mis ingresos y así poder hacer frente a las repetidas sanciones que van a caer sobre mi delictiva persona. En pocos días, un delincuente, un forajido. Porque esta ley que se saca de la mala intención la señora ministra de Sanidad es fascista, estalinista y tiránica, además de cínica. De prohibir, que prohíban la venta de tabaco y dejen de ingresar decenas de miles de millones de euros en concepto de impuestos. Me propongo fumar en cualquier local cerrado en el que no esté permitido hacerlo. Deseo ser detenido por fumar. La reincidencia en la comisión del delito puede llevar al maleante a cumplir penas de prisión. En tal caso, exijo que mi familia reciba una ayuda económica como las que el Partido Socialista ha aprobado para los familiares de los asesinos etarras en el Parlamento Vasco. No sólo para mi familia, sino para todas las familias de cuantos presos hay en España, por fumar o por matar, que es la misma cosa, según parece. Por fumar o por robar, que es tan grave lo uno como lo otro, según parece. Por fumar o por traficar con heroína, que es más asqueroso fumar, según parece. Parece digo, porque los adictos a la cocaína y la heroína sí pueden recibir ayudas de la Administración para superar su drogadicción. Los fumadores, que somos unos drogadictos de menor cuantía, estamos expulsados del espacio de la comprensión. Si terminan encerrándome en una cárcel, que lo harán por mi reincidencia en el delito, pido para mi mujer la misma ayuda que va a recibir, por poner un ejemplo, la madre del hijoputa de Txapote, o la esposa de Henry Parot. Si no por parte del Gobierno, que salga esa ayuda del bolsillo de Pachi López, que ha votado a favor de las ayudas a las familias de los asesinos, equiparándolas con las víctimas del terrorismo. Pachi López, le pediré en La Rabia de Comillas un adelanto el día que tenga de nuevo el infortunio de coincidir con usted. Y no se le ocurra fumar en mi presencia, porque llamo a la ministra Salgado y ahí se puede armar Troya.

Todo menos ser un borrego cumplidor de la Ley más fundamentalista y rígida de cuantas se han promulgado en España en los últimos siglos. Claro, que de esa Ley brutal tiene la misma responsabilidad el Partido Popular, que la ha apoyado en el Congreso con indescriptible entusiasmo. A partir del 1 de enero, como Mark Twain, que al cumplir los setenta años se impuso una cierta prudencia para moderar su adicción al tabaco: «No fumaré mientras duermo, no dejaré de fumar mientras estoy despierto, y jamás fumaré más de dos cigarrillos a la vez.»

Por un lado, el Estado prohíbe fumar. Por el otro, el Estado se forra con los delincuentes fumadores. No permiten ni la existencia de espacios reservados para los viciosos en las empresas. El que quiera fumar, que salga a la calle y se muestre como un desaprensivo y un depredador.

De acuerdo. Pero a cambio de la persecución y de la humillación social, que supriman los impuestos. El Estado no puede enriquecerse a costa de los delincuentes. Mejor la prohibición total. Se cierran los estancos, se retiran las máquinas expendedoras de tabaco y al que sea sorprendido fumando, se le manda junto a Txapote a la trena. Con la diferencia de que a Txapote le podrán visitar sus familiares y a los convictos y confesos del delito de fumar los tendrán en las celdas de castigo, por si acaso han conseguido introducir un cigarrillo tras los muros del establecimiento penitenciario. Pues no. Voy a fumar como siempre. Como siempre voy a hacerlo cuando no moleste a los demás. Como siempre voy a pedir permiso a los que me rodean para encender mi pitillo. Y si los que me rodean prefieren que no lo haga, me quedaré con las ganas. Pero no tengo la intención de dejarme cohibir por carteles y amenazas de sanciones o procedimientos más graves. Soy fumador porque he crecido y vivido entre fumadores. Mi padre, recientemente fallecido a los 93 años, se fumigó en la víspera de su muerte tres cajetillas de rubio americano. Y murió tranquilo, en su casa, en su cama y rodeado del cariño de sus hijos, fumadores en su gran mayoría. Por fortuna se fue antes de ser considerado un delincuente.

«Prohibido prohibir» es un mensaje utópico. Hay que prohibir, pero con medida. Esta ley es fascista y agresiva. No la voy a cumplir. Señora ministra, ¡Tururú!

La Razón, *20 de diciembre de 2005*

El *col-roulé*

De las modas más horteras que invadieron nuestra estética en la década de los sesenta del pasado siglo, destacó la del uso del *col-roulé*. Espero poder explicar las características del chisme. Era un jersey que principiaba en un cuello alto con vuelta y que utilizaban simultáneamente —según la calidad y los colores— los pretendientes a pijos y los aspirantes a reconocimiento intelectual por parte del rojerío. El colmo del mal gusto era el jersey de *col-roulé* de textura fina, apropiado para ponerse bajo la chaqueta. A los que así se vestían, se les impedía su ingreso en los locales de moda. Recuerdo a una querida y bellísima amiga, llorando en la rampa del malecón de Ondarreta más cercano al monte Igueldo. Ojos de lluvia y labios temblorosos. Imagen de mujer que no resisto a consolar. Me acerqué hasta ella y le pregunté por el motivo de sus alarmantes cuitas. Ella no tenía ganas de extenderse. Habíase comprometido de por vida con un adinerado lechuguino de provincia mediterránea. Era alto, guapo, simpático, adaptable y probablemente feroz en las artes del orgasmío. Pero un día después de apalabrarse el compromiso, apareció en el Real Club de Tenis de San Sebastián con un *col-roulé*.

Se devolvieron los regalos, incluidos el rosario de su madre y todo lo demás. Pero aquello pasó, y el *col-roulé* se desvaneció en los olvidos. Lo que nadie podía figurarse es que lo rescatara Zapatero. Zapatero tiene al menos un *col-roulé* de textura fina de color beis. Lo puedo asegurar porque se lo he visto mientras pasaba revista a un batallón de nuestro Ejército en Afganistán. No se interpreten mal mis renglones. Me parece muy bien —de lo mejor que ha hecho desde que es presidente del Gobierno— que Zapatero visite a los militares españoles que cumplen con competencia, valentía y honor su misión en Afganistán. Es bueno y recomendable que Zapatero se trate y relacione con españoles decentes, como son nuestros soldados. Pero a un batallón no se le pasa revista con un *col-roulé*. Igual se lo escribí a Aznar cuando recibió al Rey con gabardina un día 12 de octubre minutos antes de iniciarse el desfile de la Castellana. Llovía, pero el Rey no llevaba gabardina ni las tropas que participaban en la parada militar se cubrían con paraguas. Si se moja el Rey se moja el presidente del Gobierno. Como ahora. Un batallón formado por oficiales, suboficiales y soldados perfectamente revistados para recibir al presidente del Gobierno de España desplazado a Afganistán, merece una cortesía y un respeto. Cuando García Márquez, el gran escritor colombiano y regular persona, recibió el Nobel de Literatura con una camisa tropical en Estocolmo, no protagonizó otra cosa que una descortesía y una estupidez. Pasar revista a un batallón del Ejército con *col-roulé* es como acudir en traje de baño a una recepción en el Palacio Real. Ha hecho muy bien Zapatero en visitar a nuestros militares con misión en Afganistán. Pero lo del *col-roulé* ha sido inaceptable. Buena intención, poco respeto y monumental horterada.

La Razón, *23 de diciembre de 2005*

El hongo

Las gentes confunden el hongo con la chistera. La chistera la llevaba el insuperable, inolvidable e inolvidado Luis Sánchez-Polack, y el hongo, José Luis Coll. Nadie ha heredado la chistera de Tip. En cambio, el actual dueño del hongo es Joaquín Sabina. Con los sombreros sucede lo mismo que con las coplas. Hasta que el pueblo no concede el derecho a su uso, el sombrero es un mero instrumento estético. Cuando la concesión se produce, el modelo pasa a ser propiedad de una sola persona. En otra, cae mal porque no le pertenece. El hongo es hoy de Sabina porque así lo ha decidido el público.

Mi también insuperable, inolvidable e inolvidado Santiago Amón admiraba al conde de Villapadierna por el bombín que se ponía el día del derby en el Hipódromo de la Zarzuela. —Lo lleva con tanta naturalidad que parece que duerme con el bombín puesto—. Una tarde de derby, otro propietario de caballos apareció en el *paddock* zarzuelero con bombín. Amón, con su voz profunda y tronante, le llamó cursi y canalla. Fue expulsado del recinto de socios y le acompañé al exilio. Estaba fuera de sí. —¡Ese imbécil no tiene derecho a usar el bombín! ¡El bombín pertenece a Villapadierna!—.

Con Joaquín Sabina he librado toda suerte de batallas y trifulcas. Le he dado y me las ha devuelto, y viceversa. Jamás ni el uno ni el otro ha acudido a los tribunales. Somos partidarios de las justas literarias, no de la querella maricona que exige una indemnización para financiar la barbacoa del chalé. Creo sinceramente que Sabina está más obsesionado conmigo que al revés, pero es un juicio de valor nacido de la subjetividad. Con mi persona de por medio, siempre soy parcial a mi favor. Lo que está claro es que los enemigos no aparecen de la nada. Sabina me lee y yo le oigo, y también lo leo. Y nos hemos acostumbrado a atizarnos sin misericordia. Pero lo cortés no quita lo valiente, y me molesta caer en una frase hecha. Odio las frases hechas.

Cuando dio el «gatillazo» en Gijón, lo sentí de veras. Y aplaudí su justificación en versos. La quiebra de la voz de un artista en un escenario es siempre una impertinencia de la vida. Pero he sabido de su recital en Madrid, y del éxito que cosechó. Para alcanzar el éxito hay que ser valiente. Un cantante que pierde la voz en un sitio y a las pocas semanas se presenta en Madrid, es como el torero que hace el paseíllo en Las Ventas isidriles con la herida de una cornada sin cicatrizar. Y Sabina hizo el paseíllo con el hongo, su maleta del *Oriente Express* y un bastón que no le sirve para nada, pero la libertad comprende también el uso innecesario del bastón.

Me alegré al leer que todo había salido bien. Y que cantó sin que la voz se le quebrara decenas de sus canciones. Uno se valora, sobre todo, por la calidad artística e intelectual de sus enemigos. Les exijo valentía, calidad y talento. Y no quiero perderlos por circunstancias ajenas a mi intención. Enhorabuena, Sabina.

La Razón, *31 de diciembre de 2005*

Once golpes de aire

Nada son y nada merecen. Once simples golpes de aire. Once olvidos. El presidente de Castilla-La Mancha ha reincidido en su amnesia. Nada dijo de los once fallecidos en el devastador incendio de Guadalajara, ni de la incompetencia de su Administración autonómica para controlar el desastre. Tampoco se refirió a la descoordinación de los suyos y al terrible saldo final. Ruina del monte, ruina de la vida. Once nombres y once apellidos. Nada más. Le falló de nuevo la memoria en su comparecencia ante las cámaras de su televisión. Once suspiros, once familias destrozadas, once desprecios. Y lo que es peor, once mentiras, once engaños, once desafectos hacia once recuerdos que son memoria porque lo dieron todo, hasta su vida, en once generosidades. Y no han protestado por ellos once pegatineros. Ni uno. A Luis Tosar, el actor que interpreta mejor a Luis Tosar, no le duelen los once muertos de Guadalajara. Su dolor, su tristeza, su indignación emergen en su gesto amargo cuando mueren los berberechos, las almejas y los percebes de sus costas gallegas porque un barco griego se rompe en dos y vierte su carga negra en la mar. Entonces sí. Ahí surge el actor reivindicativo, el progresista, y de la mano de Pepiño Blanco defiende el derecho a la vida del berberecho, de la almeja, del percebe, del cormorán y de la gaviota piquigualda. Y Aznar se convierte en un asesino de mejillones, y Álvarez-Cascos de zamburiñas, y Federico Trillo de salmonetes. Y arrastran a los otros subvencionados, y se reparten pegatinas, e insultan a los gobernantes, que no al armador del barco ni a su capitán griego, y se arma la de Troya. Y continúan insultando mientras caen sobre Galicia millones y millones de euros, y las promesas se cumplen, y «Nunca Máis» no colabora, y la demagogia triunfa sobre la realidad. Pero mueren once personas en Guadalajara por culpa de la incompetencia y la falta de previsión de una administración socialista, y nadie protesta. Once golpes de olvido. Once patadas en sus partes a los familiares engañados. Y ningún pegatinero. Por eso la gente rechaza el Cine español. Porque está interpretado, en gran parte, por farsantes. Farsantes en la vida, que no en el plató, donde demuestran su pobreza interpretativa. Pegatinas de «Nunca Máis» —¡pobres nécoras!— y de «No a la Guerra», pero jamás en San Sebastián un mensaje con un rotundo «No a la ETA». No se atreven. O no les parece mal. O no les conviene. Y once muertos en Guadalajara, pues eso, once golpes de olvido, once pérdidas de tiempo, once silencios para seguir recibiendo de las administraciones socialistas las putas y vergonzosas subvenciones con el dinero de los españoles. No existen los once muertos de Guadalajara, ni la tragedia ecológica —¿dónde los ecologistas «sandía»?—, ni el incumplimiento de las promesas. Al fin y al cabo, ¿qué son once muertos en un incendio si con ellos no se consigue ni un voto, ni un euro?

Nada son. Nada merecen. Once golpes de aire, y a seguir la farsa.

La Razón, *3 de enero de 2006*

El tanga

Como el mar, o la mar, el tanga es también la tanga. Para mí, que la mar es femenina y el tanga masculino. La Real Academia Española se solidariza conmigo, en este caso. Tanga es una voz que viene del tupí, el lenguaje de los tupíes, tribu guaraní de la amazonía brasileña. Los tupíes inventaron el tanga, esa diminuta prenda que cubre por delante la zona genital y por detrás, mismamente por el culo, consiste tan sólo en una cinta estrecha que se esconde en el valle de los sueños dejando al aire el milagro de las nalgas. Pero no es solamente «una prenda de baño» como aseguran los académicos. También forma parte de la familia de la ropa interior. Y cuando escribo del tanga, y de los valles de los sueños y los milagros de las nalgas, lo hago con admiración hacia la mujer, no por el hombre que usa el tanga. Con la venia de Zerolo, a mí un hombre con tanga me da muchísimo asco.

A cuento viene este largo preámbulo para centrar las cosas y los conceptos. Días atrás escribía de mi tirria por las noches de fin de año, mero trámite gamberro y borracho para alcanzar el día uno de enero y poder disfrutar del concierto de la Filarmónica de Viena en la Musikverein vienesa. Este año, con homenaje a Mozart incluido y un gran director letón, Mariss Jansons, que triunfó plenamente, aunque le sobrara alguna broma tonta en determinada polca de uno cualquiera de los Strauss. Pero como casi siempre, el Concierto de la Filarmónica vienesa fue un prodigio de arte, medida y buen gusto. Pero mi pretensión era escribir del tanga de Anne Igartiburu mientras lo de las uvas. Apenas dijo dos palabras, pero con su vestido transparente y su tanga negro consiguió que más de un español, disecado por el paisaje, se metiera las uvas por las fosas nasales.

Anne es una mujer guapísima querida en toda España aunque ella no corresponda a España en el cariño. Parece una vikinga. De haberla conocido, Sabino Arana se habría sentido feliz, porque su físico responde en su totalidad a la belleza figurada por el majadero tísico que escribió al dictado de su hermano Luis la excelencia racial de los vizcaínos. Pero también Sabino Arana, de contemplar a Anne con su tanga zaino, se habría indignado por su contaminación liberal, consecuencia de su larga estancia entre los inmorales y feos españoles. Mis liberales partes —y me refiero, no piensen mal, a mi parte madrileña y a mi parte andaluza— disfrutaron de lo lindo con el tanga de la Igartiburu. Pero mi parte vasca, que es amplia y orgullosa, se cohibió ante el espectáculo que nos ofreció la hermosa nacionalista desbraguetada. Razón le sobraba a Sabino Arana cuando decía que la nefasta influencia de las costumbres liberales y anticristianas de los españoles terminaría por derrotar la pureza moral de los vascos. No obstante, y por lo que me toca, me atrevo a reconocer públicamente desde la autoridad moral que me concede mi sangre vasca y mi Rh negativo, que me satisfizo plenamente el tanga de Anne Igartiburu, a la que deseo toda suerte de felicidad, prosperidad y libertad en la joven España que se desnuda.

La Razón, *11 de enero de 2006*

Todo es posible

Imágenes del sueño. Maragall ha escapado a Comillas, allá en Cantabria, y pasea su melancolía por las verdes campas que anuncian el palacio del marqués. Artur Mas dirige un gran complejo turístico mediterráneo, con sede en Almería. No habla de política y le escuece el pasado. Durán-Lleida es el consejero delegado de una gran empresa multinacional. Vive en Madrid y demanda influencias para ser admitido en el Real Club de Puerta de Hierro. Zapatero, entre la oferta de Morales y la de Chávez, ha optado por la segunda, y tiene residencia en Caracas. Es el director de Relaciones Públicas de la Compañía Nacional Bolivariana de Petróleos. Se ha llevado hasta Venezuela a Pepiño Blanco, encargado en la misma sociedad de confirmar las asistencias a los eventos de la compañía. En Caracas, aunque con desahogo económico, Zapatero no puede organizar a sus niñas las fiestas de cumpleaños —los «cumples»— que montaba en la Moncloa, con Alejandro Sanz cantando sus baladas y otro conjunto haciendo de telonero. Sería excesivamente caro.

En España, Álava se ha convertido en una autonomía foral independiente de la confusa nación vasca. Navarra sigue a su aire y Guipúzcoa y Vizcaya se disputan la capitalidad de la pequeña finca. Pachi López también está en Caracas. Pero el Nacional-Socialismo ha tomado el poder en Cataluña. Por eso andan huidos Maragall, Mas, Durán-Lleida y Pujol, al que han nombrado en Madrid presidente del Consejo de Estado.

En la plaza de San Jaime, ante la sede de la Generalidad, se reúne un público subvencionado para asistir al Desfile de la Independencia. Una parada militar modesta y monegasca. El desfile lo abrirán cuatro tanquetas adquiridas en el mercado negro y seis compañías de Mozos de Escuadra con diferentes uniformes. En el balcón principal está el caudillo catalán acompañado de sus ministros, allegados y familia. Todos vestidos a la usanza nacional-socialista del siglo XXI. Camisa negra, chaqueta modelo Gaudí de color crema-pastel y pantalones azules. La Primera Dama, la Neneta —como es conocida por el regocijado pueblo—, le comenta a su cuñado Apeles, ministro de la «Gobernació»: —Hosti, tú, Apelet, que el desfile se retrasa y me estoy orinando—.

Puigcercós, Tardá, Puig, Bargalló, Porta y Oleguer rodean al Caudillo. Éste mira al horizonte hasta que se apercibe de que el horizonte está a cincuenta metros y es el Ayuntamiento de Barcelona. Decepcionado por el horizonte, concede al Jefe Supremo de las Fuerzas Armadas de la Dictadura permiso para principiar el desfile. Los periodistas adictos se hallan apretujados en la tribuna principal. No falta ninguno. El CAC se encarga de llevarlos en autobús y ofrecerles un bocadillo y un refresco. Y se sienten agradecidos y dispuestos a la colaboración. Se pone en marcha el desfile, y llevado por la indescriptible emoción, Puigcercós grita desde el balcón. «¡Carod, Carod, Carod! ¡Visca Carod! ¡Arriba Catalunya!»

Y en ésas me desperté.

La Razón, *17 de enero de 2006*

Alejandrinos capados

Ya los pájaros cantan la mañana en Moncló, / y el señor Presidente pide su desayú. / —¿No es muy pronto, mi cielo?—. —Buenos días, Sonsó. / Es que tengo a las nueve reunión de Estatú—. / Con su enorme cartera, Pérez de Rubalcá / llega a punto a la cita con andar displicén. / —Buenos días, Alfredo, se te nota cansá— /; —He dormido dos horas, buenos días, Presiden—. / —¿Ya ha venido Teresa Fernández de la Vé?—; / —ha avisado que viene con algo de retrá—; / —empezamos sin ella; ¿las noticias son bué?—; / —no, desgraciadamente, las noticias son ma—. / —¿Qué me dices, Alfredo? ¿Por qué ese pesimis? / —Porque Carod Rovira me dijo por telé / que ya no pasa una y está hasta los mismís / de tantas discusiones y tanto papelé. / —¿Y qué quiere que hagamos si Mas y Duran Llei / pretenden retirar el texto estatutá / y Rajoy amenaza con meternos un plei / si aceptamos «nació» como ya está acordá? / —Tranquilo, presidente, no me pierdas los ner, / y menos te sulfures, tranquilo, así, tranquí, / que todo tiene arreglo, y es posible el acuer. / Todo, menos que pierdas tu preciosa sonrí. / —Confírmale a Carod, Alfredo, de mi par / que no le quitaremos «Nació» del Estatú, / porque si no me apoya, puedo perder el car / y nos pueden mandar a tomar por el cú—. / —De acuerdo, Presidente. Lo malo es Pepe Bó—; / —Pepe Bono habla mucho, pero luego se ca. / A Solbes le pedimos un retoque econó / y si alguien más protesta, se le manda al cará—.

La «nación» catalana se ha incluido en el tex / y Alfredo Rubalcaba, descansado, sonrí. / En tanto, el presidente, sin buscar un pretex / llama y pide prudencia al gran Carod-Roví. / Superado el escollo del dichoso Estatú, / el presidente pide hablar con Pachi Ló, / y le ordena ponerse a bien con Batasú / y que apoye al Peneúve sin reservas y en tó. / Después, a Anxo Quintana, nuevo rey de los sué / al que todo promete por el bien de Galí, / y le ofrece su apoyo a la nación gallé / y mandarle, si quiere de ayudante, a Pepí. / Seguidamente habla con Chávez y con Cas / y a Morales le envía un jersey menos gor /, a Montilla le atiende y en la OPA se enfras / y que a lo de su crédito, le haga oídos sor. / Al fin, alegremente, da unos pasos de sam / y espera a que las niñas retornen del colé / para ver junto a ellas la película *Bam* / que ha visto con sus hijas unas quinientas vé. / Y después del esfuerzo, en su silla sentá / con Rubalcaba atento por si sufre un telé / dirige emocionado su límpida mirá / al retrato enmarcado que tiene de su abué.

Todo bien ha salido. Lo de Guadalajá / es un infame invento de la prensa fascis. / Y las Fuerzas Armadas se sienten encantá / y sólo habrá progreso si España es socialis. / El «Barça» va el primero, y no hay problema algú / si en la Unión Europea nos dejan sin un eu, / el talante ha vencido a la ira y la fu / y a Rajoy le sucede que le ha dado la neu. / —¿Llegó María Teresa Fernández de la Vé?—;

—ha avisado que viene con algo de retrá—; / —no importa. Ya gobierno sin depender de é— /. Y en el momento abraza a Pérez Rubalcá.

—¿Podría preguntarte una cosita, Alfré? / ¿Verdad que a ti también te importa un bledo Espá?—.

La Razón, *22 de enero de 2006*

El ser limitado

Todos los seres humanos sufrimos de limitaciones. La sensibilidad se desarrolla a su antojo en cada ánimo. Me resumo en mi tierra elegida, La Montaña de Cantabria. Todo en ella me gusta y todo en ella me emociona. Sus paisajes, su arquitectura popular, sus gentes, sus costumbres. Pero nunca la armonía es total. Me horroriza su música. Nada más primitivo, elemental y simple que la música popular montañesa. De Andalucía, en cambio, me gusta la cadencia y armonía de lo popular y me agobia hasta la angustia el flamenco culto. Eso que llaman el flamenco *jondo*. Me puedo dormir en el segundo jipido. No entiendo el *jazz*. Me aburre profundamente. Y lo siento, porque conozco a personas cultas y sensibles que se entusiasman con el *jazz*. Y en la Literatura, Joyce se me antoja un tostón. Y Hesse. Leer el *Ulises* del primero y *El lobo estepario* del segundo fue para mí uno de los mayores tormentos padecidos a lo largo de mi vida. En el caso del *Ulises*, un tormento interrumpido por una decisión acertada. Lo dejé en la página 72 a sabiendas de que si alcanzaba la 73 quedaría preso para siempre de la estulticia retroprogre que concede las bulas. De ahí a disfrutar con un concierto de música autóctona del Alto Volta, media breve trecho. Se queda muy bien elogiando la música del Alto Volta, pero entre usted y yo, y que no salga la cosa de aquí, es una majadería.

Y lo mismo me inspira la Cocina moderna, la que llaman del siglo XXI —lógico, por otra parte—, y que supera a la «Nueva Cocina» de las últimas décadas del XX. No la entiendo, y solicito el perdón de los expertos y sus entusiastas seguidores. He leído que existe en Valencia un restaurante con una sumiller especializada en aguas. Que hay clientes que durante la comida cambian de agua cuatro o cinco veces. Hace muy bien ese restaurante en tener una sumiller de aguas y cobrar a los clientes lo que se les antoje por probar cinco diferentes. La culpa no la tiene el restaurante, sino los tontos de los clientes puristas en aguas. Y enlaza la extravagancia con la celebración en nuestra todavía capital de España, de «Madrid Fusión», la cumbre mundial de la gastronomía, aunque mejor quedaría calificarla de cumbre mundial del esnobismo gastronómico. Me atrevo a ser públicamente regañado por mis amigos Rafael Anson e Imelda Moreno de Arteaga, por la Cofradía de la Buena Mesa y por la Academia de Gastronomía, pero mucho me temo que mi sensibilidad no va a cambiar. Todo esto será muy divertido, muy científico y muy interesante, pero no tiene nada que ver con la tortilla de patatas, que es lo mío.

Hemos pasado de «Las nalguitas de becada de Aralar con abanico de zanahorias de la huerta de la abuela Edurne con salsa de almejas de Las Rías Bajas y encaje de caramelo de nuez» a que «la búsqueda técnico-conceptual es el vértice de la pirámide creativa». Eso dice, al menos, uno de los genios indiscutibles de la nueva gastronomía, Ferrán Adriá, considerado el mejor cocinero del mundo, y del que no albergo dudas de su talento, pero sí resistencias por mi parte. Para mí, que esos platos técnicos y científicos, elaborados con aire y nitrógeno, buñuelos de nada y almejas escabechadas sin escabeche, pueden alcanzar la categoría de obras de arte por su elaboración y presentación. Pero así no se puede alimentar a la humanidad del siglo XXI, salvo que la humanidad la componga un grupo de mil privilegiados con posibilidad de pagar doscientos euros por una croqueta de nitrógeno líquido, y trescientos por un aperitivo sentimental y filosófico compuesto por un grano de arroz japonés, recubierto de laca china y ofrecido sobre un bosque de lechugas sintéticas que no saben a lechugas sino a muslitos de pollo de patos mandarines. Temo que estos grandes cocineros, entre los que destacan muchos españoles, van a terminar como los modistas que triunfan en las pasarelas y no venden posteriormente ni un solo diseño de los paseados, entre otras razones, porque no hay mujer que se los ponga. Que Bimba Bosé estaba inmensa con su «burka» de horca y su desnudez pectoral, y tuvo un gran éxito, y el modista David Delfín fue protagonista del debate en la Moda durante semanas, pero nadie, excepto la bellísima Bimba, se ha atrevido a ir a cenar a un sitio con esa cosa en la cabeza y el pezonerío al aire. Como experimento, magnífico. Como solución, nada de nada.

Pero no quiero parecer tosco de ánimo ni cerrado a los inventos gastronómicos de los elegidos. Sucede que quiero seguir comiendo lo de siempre, lo que me gusta. No he tenido oportunidad de saborear el nitrógeno ni el aire de zanahoria. Pero a medida que se acerca el final del artículo, el agujero de mi estómago crece, y puesta la firma, voy a salir corriendo a la tasca más cercana y pedir una ensaladilla rusa, un pincho de tortilla o unas croquetas de jamón. El nitrógeno, para otro día.

La Razón, *25 de enero de 2006*

Experimento

De siempre me ha obsesionado una curiosidad. ¿Se puede escribir una columna de Opinión partiendo de una noticia que nada importa al opinante? No puede resultar fácil, pero hay que intentarlo. Por ejemplo, leo en *La Razón* de hoy (por ayer) que «Toshiba supera a General Electric en la puja por la división británica de Westinghouse». Entiendo que esta alarmante noticia interese a cuantos hombres y mujeres estén relacionados con Toshiba, General Electric y la división británica de Westinghouse. Hasta aquí, todo correcto. Pero ahora viene lo difícil. Opinar al respecto y no quedar mal del todo. Es menester, que diría don Enrique Tierno Galván, que la redacción del artículo, además de ceñida al academicismo, resulte entretenida para el lector. La columna, pues, podría principiar de esta manera: «El señor Mikono Tusubushi, que es japonés y lee revistas pornográficas, ha conseguido lo que parecía imposible. Que Toshiba supere a General Electric en una puja. Como todo buen ejecutivo de Kyoto, Tusubushi planteó la operación mientras comía con su mujer una anguila cruda. Y debo reconocer que ha acertado plenamente. Jamás confié en Tusubushi, persona de mal carácter y peor educación. Fue amonestado en el ascensor del Empire State de Nueva York por tirarse un cuesco a la altura del noveno piso en pleno trayecto ascendente. Una persona así está deslegitimada para llevar a cabo una puja, y más aún, si el adversario es General Electric, cuyo director de Recursos Humanos, Harold Stropper, trabajó en la división británica de Westinghouse en su juventud. Esto demuestra la falta de ética que impera en las relaciones entre las grandes empresas, y creo que los Gobiernos occidentales harían bien en poner coto a semejantes desmanes. De no ser así, Mikono Tusubushi, en pocos años, podrá quedarse no sólo con la división británica de Westinghouse, sino con la sucursal francesa de Kelvinator. Y eso supondría un desastre global para el sector.

Me escandaliza la inacción del Fondo Monetario Internacional. Tusubushi no engaña cuando puja, y nadie ha intentado paralizar la operación. El margen de competencia entre las empresas se estrechará de forma preocupante si Tusubushi consigue para Toshiba la división británica de Westinghouse. Una simple advertencia detendría el proceso, pero se sospecha que Tusubushi, entre cuesco en un ascensor y la degustación de otra anguila cruda, ha convencido a los responsables de la bondad de la operación. Y a todas éstas, ¿qué hace Morgan Stanley? ¿Por qué Morgan Stanley permanece en paradero desconocido? Ésa, y no otra, es la gran incógnita que queda por resolver.

No está el mundo para que Toshiba venza a General Electric en la puja por la división británica de Westinghouse. Y mi deber, en este caso penoso, es alertar a los lectores de *La Razón* para que no se dejen influir por nadie en este gravísimo asunto. Porque lo de Toshiba «no es de recibo».

Pues sí, se puede escribir de lo que sea. Experimento cumplido.

La Razón, *14 de febrero de 2006*

El pingüino

Unos veranos atrás, paseando por la costa del Remedio en Ruiloba, occidente de Cantabria, descubrí a los frailecillos. En este caso no provenían del seminario de Comillas, sino de los lejanos mares del norte. Dos frailecillos, con sus cuerpos redondos y compactos y sus picos multicolores. Probablemente una historia de amor, una fuga de sus acantilados lejanísimos para vivir la aventura de la juventud en rocas y mares más templados. En mi cuaderno de apuntes ornitológicos lo tengo asignado. «16 de julio de 1998. Pareja de frailecillos en Ruiloba.» No he vuelto a toparme con ningún otro ejemplar de esta especie nórdica.

Pero la mar y la naturaleza de cuando en cuando desvían la línea de la lógica. Y leo —¡lástima no haber estado por allí, para acercarme al lugar del suceso!— que un pingüino ha elegido morir en Santander, en la segunda playa del Sardinero. Después de nadar miles de millas, se ha dejado llevar por el cansancio, y llegar ayudado por las olas al Sardinero santanderino. A los pocos minutos de alcanzar la playa, sobre su arena dorada y húmeda de mareas, el pingüino yacía muerto. ¿Qué locura desorientada animó al pingüino a nadar para morir en Santander?

No discuto su buen gusto. De haber nacido pingüino, yo me habría comportado de forma parecida. A los pingüinos se les obliga a morir en costas gélidas y entre mares helados. Me contaba un oficial de nuestra Armada, que fue comandante del buque oceanográfico *Hespérides* durante una de sus expediciones a la Antártida, que en un viaje se embarcó el gran Rostropovich. Y que al alcanzar el principio de los hielos, sobre una masa helada, un centenar de pingüinos se acercó hasta el barco llevados por la curiosidad. Al verlos Rostropovich, con su plumaje que recuerda a un frac, ordenó que sonara por los altavoces del *Hespérides* el primer movimiento de la Séptima Sinfonía de Beethoven. Y allí, en la proa del barco oceanográfico español, dirigió a una orquesta de pingüinos que parecían sentirse muy a gusto con la música de Beethoven volando por los aires antárticos mientras un humano movía los brazos con cadencia, humor y genialidad. Rostropovich ha sido el único genio de la música que ha dirigido una orquesta compuesta exclusivamente por pingüinos. Pudiera ser que el aventurero que alcanzó Santander para morir fuera uno de ellos, nostálgico de armonías beethovianas.

Cuando yo era más depredador que conservador de la naturaleza, abatí de un certero disparo a un papagayo en La Moraleja. Pero el lance tenía su explicación. Había huido de una casa de militares americanos destinados en Torrejón que habitaban en la inmediata urbanización del Encinar de los Reyes. El pobre papagayo (*Arará arará*) era azul brillante con el pecho amarillo, y encontró la muerte por su temeraria imprudencia. La agonía y sueño definitivo de este pingüino que ha elegido Santander para morir me inspira mucha más alta melancolía. Y le rindo este homenaje de sensibilidad cántabra, de montañés alejado de su paraíso, con invisibles flores de elegía.

La Razón, *17 de febrero de 2006*

Pichón a jaula

Me siento feliz. Ibarreche quiere lograr que se admitan las selecciones «nacionales» de Euskadi de «doma vaquera», «pichón a jaula» y «bolo leonés». Exceptuando el último —mi modalidad preferida en los bolos es la montañesa, infinitamente más difícil, bella y plástica que la leonesa—, mis deportes favoritos son, precisamente, la «doma vaquera» y el «pichón a jaula», también conocido como «jaula a pichón», que ya se sabe que el orden de los factores no altera el producto. En «doma vaquera», un deporte que arrastra a auténticas masas, a millones de aficionados, conseguí la medalla de plata en su especialidad «sin crines», tanto sobre vaca malhumorada como en potro afeitado. Y lo hice en representación de Orio, allá por la década de los setenta del pasado siglo. Y en «jaula a pichón» se me conoce como el «maestro», dada mi insuperable pericia. Trasanteayer mismo, cuando paseaba por la calle de Almagro de Madrid acariciado por un sol con vocación de primavera, me vi obligado a detener mi paso en varias ocasiones para firmar autógrafos que me solicitaban aficionados al «jaula a pichón». Me recriminaban mi prematura retirada de la alta competición, y tuve que explicarles las razones de mi abandono. Quedaron todos plenamente satisfechos, y elogiaron mi sencillez y simpatía. Creo que un campeón de «jaula a pichón» está obligado a dar ejemplo de integración social y no creerse por encima del resto de las personas.

Un esguince sufrido a consecuencia de un movimiento brusco cuando bailaba un *gopak* ruso, es decir, la célebre y trepidante danza de los cosacos, me obligó a dejar la «doma vaquera». Pero me ofrezco, siempre que lleguen a un acuerdo digno el Gobierno vasco y mi representante, para entrenar a los futuros seleccionados de Euskadi, si me garantizan plena disposición para acceder a cualquier tipo de ganado. Vaca o toro con pelo en el morrillo, bóvidos rasurados, potros con crines o caballos tratados con el método del doctor Rosado, o lo que es igual, definitivamente calvos. En esas condiciones, me considero lo suficientemente dotado para asegurar al «Lehendakari» Ibarreche triunfos, trofeos y medallas. De lo contrario, si no hay acuerdo, la «doma vaquera» vasca seguirá estancada en un nivel de segunda, como en la actualidad.

Respecto al «pichón a jaula» le recomiendo algo de prudencia, conocida la amenaza de gripe aviar que nos sobrevuela, y que comprobadas las medidas adoptadas para su prevención por nuestra ministra de Sanidad, nos va a dejar a todos como pollos desplumados. La selección de Euskadi de «pichón a jaula» haría bien en esperar la oportunidad de su lanzamiento, sin coincidir con la pandemia que se nos avecina. No obstante, de insistir el «Lehendakari», me atrevo a recomendarle como entrenador a cualquier etarra recién excarcelado por el Gobierno de Zapatero, dada su familiaridad con la jaula, aunque en el caso de los terroristas de la ETA la jaula haya sido de oro. Y nada más. Dejo de escribir bobadas, que es la única manera eficaz de comentar una gilipollez política.

La Razón, *19 de febrero de 2006*

Eguíbar y el fiscal

En la política, existen individuos exclusivamente dedicados a herir. Uno de ellos es Eguíbar, el nacionalista que llegó a «La Casa de Sabino» («Sabin Etxea», parece el nombre de una taberna) de los compases de un conjunto musical de feria de pueblo. Eguíbar, en el reparto de papeles a representar en el nacionalismo vasco, cumple primorosamente con su cometido. Le han designado el papel del perverso, y no tiene que hacer ningún esfuerzo para llevarlo a cabo. Es perverso. No representa. Actúa como lo que es. Siempre ha mirado con simpatía al entorno de la ETA y nunca ha gastado un segundo de su vida para consolar a las víctimas. Mil asesinados por la ETA, Eguíbar. Y centenares de mutilados de cuerpo y alma. Y niños destrozados. Y miembros amputados por las explosiones entre sangre y fuego. Y miles de familiares de víctimas angustiados para el resto de sus vidas. Eso es lo que ha conseguido la ETA, una banda terrorista en un principio de corte estalinista y posteriormente camuflada en los ideales del separatismo vasco. Ahí es donde entran ustedes. Alguien tiene que menear el árbol para que el nacionalismo burgués y clerical recoja los frutos. No lo escribo yo, Eguíbar, que eso lo reconoció el principal valedor de su carrera política, Javier Arzallus. Pero el pasado viernes alcanzó usted, en el Parlamento Vasco, la cima de la miseria. Nadie, fuera de los reconocidos terroristas, había sido capaz de soltar tan despreciable, deleznable y nauseabunda perorata. En otra nación, en otra sociedad, ya estaría usted declarando ante un juez por orden del Fiscal. Pero en España, el Fiscal no actúa. Porque además de miserables, sus palabras se resumen en la más clara apología del terrorismo. Y las pronunció como portavoz del Partido Nacionalista Vasco, que no las desautorizó posteriormente, lo que significa su aceptación unánime. No sólo usted es el perverso y el miserable. Con usted se zambulló en las cloacas todo su partido.

«ETA es una organización política que hace uso de técnicas modernas de lucha de minorías contra mayorías en un conflicto cuya raíz es la negación de un pueblo y de una nación». La ETA es, por lo tanto, una organización política para Eguíbar. También para su partido, que no ha osado desmentir a su portavoz. Los disparos en las nucas de los inocentes, los coches-bomba, los artefactos explosivos, los secuestros inhumanos, los chantajes económicos, son para Eguíbar «técnicas modernas de lucha de minorías contra mayorías». También para el PNV, que no ha rectificado a su portavoz en lo que respecta a las técnicas modernas de lucha. Es decir, que los veinte niños asesinados por la ETA sucumbieron por técnicas modernas de lucha. A Miguel Ángel Blanco, a Joseba Pagazaurtundúa, a Fernando Múgica, a José Luis Caso, a Cristóbal Colón de Carvajal, a los mil asesinados por la ETA, solamente les aplicaron «técnicas modernas de lucha». Cuando usted se tope con Pilar Elías explíquele lo de la organización política. Y si tiene ocasión de hablar en el futuro con Irene Villa, no se acobarde. Hágale ver a Irene que sus piernas amputadas, que su vida de niña destrozada, no es consecuencia de una banda terrorista, sino de una organización política que utiliza métodos modernos de lucha. Y a los padres de las cinco niñas asesinadas en la Casa-Cuartel de Zaragoza, lo mismo de lo mismo. Pero no lo hará, porque usted es un cobarde. Usted habla así porque sabe que las víctimas no se vengan. Que sólo piden Justicia, a pesar de los silencios clamorosos del Fiscal. Hable con los padres de Fabio Moreno, miserable. Acuda a Burgos a visitar a Ortega Lara, y convénzale de que su terrible cautiverio, que supera en horror a cualquier campo de concentración de Hitler o de Stalin, no fue un hecho terrorista, sino una acción política. Pero el Fiscal no va a mover un dedo, porque tiene órdenes tajantes de «no entorpecer el camino hacia la paz». Son ustedes, y ya escribo en plural, unos miserables, unos cínicos, unos perversos y unos locos. Creo, Eguíbar, que se han vuelto locos de remate, y que hablan así porque han perdido en gran medida su condición de seres humanos. Esa maldad tan arrogante y orgullosa es socialmente inaceptable. Pero además es delictiva. Usted se ha puesto en nombre de su partido del lado de los terroristas. Y el Fiscal está merendando.

Después de la indignación, viene la calma. Me compadezco de usted, Eguíbar. Pobre ser. Vivir inmerso en la perversidad y la locura fanática de la raza tiene que ser un tormento. Revuélquese en su fango, mire a sus seres queridos, y si algo le queda de humanidad, pida perdón y dimita. El Fiscal está reunido y después tiene una cena.

La Razón, *25 de febrero de 2006*

¡A por él!

Me lo ha contado un amigo cazador. Viajó con un grupo de aficionados a las monterías hasta Córdoba, en el AVE. Llegados al control de acceso de la estación de Atocha, tuvieron que mostrar las armas, las licencias de caza, las guías de los rifles y los cuchillos de monte. Eran diez los viajeros cazadores. Uno tras otro pasaban por los controles cumpliendo todos los requisitos de seguridad. Cuando quedaban tres por cumplimentar las preventivas exigencias, un vigilante le gritó a otro. —¡Mira, un cabrón fumando! ¡A por él!—. Efectivamente, un hombre de avanzada edad y muy probable despiste, se hallaba disfrutando de un cigarrillo en el vestíbulo de la estación. Los dos vigilantes dejaron en paz a los cazadores —y lo que es más grave, a sus armas de fuego, sus municiones y sus cuchillos—, y emprendieron veloz carrera en pos del peligroso delincuente. Los tres últimos cazadores de la expedición pasaron tranquilamente el control sin necesidad de mostrar nada, mientras que el forajido fumador era duramente reprimido —y probablemente multado— por su asqueroso delito contra la salud pública.

¿No se puede habilitar, señora ministra fundamentalista, un espacio en las estaciones y aeropuertos para los pobres viciosos que aún persistimos en nuestro repugnante hábito? En los aeropuertos, especialmente a los que hay que llegar con dos horas de antelación para embarcarse en un vuelo trasatlántico, se podría destinar al menos una pocilga para que los ciudadanos que pagan impuestos y no tienen fuerza de voluntad con el tabaco, puedan superar su síndrome de abstinencia con la misma dignidad que un cerdo de corral ingiere su pienso en libertad y sin que nadie le moleste. No pedimos los fumadores una sala lujosa y agradable. Simplemente una esquina, un almacenillo. No nos importa que se señale el reducido espacio con un cartel en el que se lea: «Peligro. Zona destinada a los apestados.» La inflexibilidad de esa porquería de Ley en los espacios públicos la interpretamos, con todo el derecho, como una agresión a nuestra libertad por parte de unas autoridades a caballo entre el fascismo y el estalinismo. Me figuro que la señora Salgado está más cerca de la segunda grupa que de la primera.

Nos conformamos con poca cosa. Unos cuartos de baño con los retretes estropeados. Una de las galerías por las que circulan las maletas. Aceptamos incluso el riesgo de que nos caiga algún equipaje pesado sobre nuestra cabeza, y renunciamos a la asistencia de la Seguridad Social para la curación de la herida. Pueden, incluso, habilitar un autobús fuera de servicio para que los fumadores echemos un pito antes de embarcar hacia Buenos Aires, Tokio, Sydney o Ciudad del Cabo. Algo de caridad, fundamentalista señora ministra de Sanidad que no sabe de Sanidad y está rodeada de enchufados políticos ajenos a la medicina. No sé, una cloaca, la salida de una alcantarilla... Lo que sea. Todo menos que nos persigan al grito de «¡A por ese cabrón, que está fumando!».

La Razón, *26 de febrero de 2006*

Memoria histórica

Desde su ingreso en la cárcel y checa de San Antón, el 1 de agosto de 1936, Muñoz-Seca escribe a su mujer tres cartas y cuarenta y una tarjetas postales. Apenas se registran rasgos de humor en sus escritos. Como buen andaluz soporta mejor el calor que el frío. Por la brevedad del espacio en blanco de las postales, su correspondencia se limita a la exposición de sus necesidades. Ropa de abrigo, mudas, medicinas para su úlcera de estómago, agua mineral y latas de conserva. En casi todas las comunicaciones hace referencia a Dios. En veinte de las postales, para tranquilizar a los suyos dice «estar bien y haber engordado». Desde el 1 de agosto al 28 de noviembre, madrugada de su asesinato, perdió 29 kilogramos de peso. Peticiones en todas las postales de tranquilidad a su madre, que vive en el Puerto de Santa María. De repente, en una postal, un golpe de humor. Le pide a su mujer que le envíe a la cárcel una de sus bigoteras. Sus bigotes se desmoronan. «Estoy harto de meter los bigotes en la sopa del rancho.» Y le llega la bigotera, recuperando su personalidad. Meses más tarde, en el alba de su fusilamiento, antes de ser empujado a la trasera del camión de la muerte, el miliciano Dinamita le ata las manos brutalmente a la espalda con un bramante que le alcanzaba las venas, y entre el alborozo de sus compañeros, con unas tijeras le cortó los bigotes. «Para donde vas, no te van a hacer falta.» De esta forma, también humillaron su estética antes de asesinarlo. El trayecto de San Antón a Paracuellos del Jarama, lugar en el que las expediciones de presos controladas por Santiago Carrillo se detenían para fusilar a los expedicionarios, lo hizo con las manos atadas. Allí fue liberado del bramante y le permitieron fumar un cigarrillo mientras presenciaba las primeras descargas contra inocentes de los amables pelotones del Frente Popular.

Muñoz-Seca pasó su cautiverio en el Departamento 2 de la planta baja de San Antón. Tiene al principio, como compañeros de celda, a ocho oficiales de la Armada, y a los hijos de 15 y 13 años de un oficial del Ejército de Tierra. También, en la misma celda, están confinados José Arizcun, el sacerdote Tomás Ruiz del Rey, Julián Cortes Cabanillas y el actor Guillermo Marín, padre del actual portavoz del Partido Comunista en la Asamblea de Madrid. Todas las tardes, con su melena blanca desvencijada, aparece por San Antón el escritor Pedro Luis de Gálvez, que debía a Muñoz-Seca múltiples favores. «A éste que nadie lo toque. A éste lo voy a matar yo personalmente, ¿verdad, maestro?» Y Muñoz-Seca le respondía: «Honradísimo Gálvez, honradísimo.»

En *ABC*, durante una «Noche de los Cavia», me contó Cayetano Luca de Tena, también compañero de checa de Muñoz-Seca, que sólo en una ocasión se lo encontró llorando. Fue el día en que supo que sus ocho compañeros de celda de la Armada y los hijos del oficial del Ejército habían caído en una de las primeras sacas. En aquella ocasión escupió en el rostro de sus carceleros, y éstos lo tumbaron de un puñetazo. En el Puerto, el hermano menor de Muñoz-Seca, José, hace gestiones con Vicente Alberti, hermano de Rafael, para que éste se interese por don Pedro. Alberti no se dio por enterado.

En las cartas de noviembre se adivina la desesperanza. Pero ya no le llegan a su mujer. Gracias a un diplomático mejicano, que hacía de correo de presos, la mujer de Muñoz-Seca recibiría esas postales y la última carta tres años después, en 1939. Se ahorró el sufrimiento. El 26 de noviembre es «juzgado» por un tribunal popular y condenado a muerte «por fascista, monárquico y enemigo de la República». El 27 es llamado por el director de la checa. En la madrugada del 28, se encierra en su celda con el sacerdote Tomás Ruiz del Rey. A las dos de la mañana, le escribe a su mujer la última carta. No le tiembla la mano y su caligrafía es perfecta.

«No te olvides de mi madre. Procura que Pepe mi hermano me sustituya en los deberes para con ella. Y tú, dile cuando la veas, que su recuerdo ha estado siempre conmigo. Nada tengo que encargarte para los niños. Sé que todos ellos, imitándome, cumplirán con su deber. Siento proporcionarte el disgusto de esta separación. Pero si todos debemos sufrir por la salvación de España, ésta es la parte que me ha correspondido. Benditos sean estos sufrimientos.»

Después de las palabras de despedida, añade una posdata y la fecha. «Como comprenderás, voy muy bien preparado y limpio de culpas. 28 de noviembre.»

Le quitaron la maleta, los abrigos, el reloj y sus objetos personales. Le cortaron los bigotes. Al llegar a Paracuellos fumó. Tiró el cigarrillo y dijo «cuanto antes». Gritó «Viva España y viva el Rey» y su cuerpo se quebró con la descarga. El tiro de gracia se lo dio, con mucho talante, un oficial de las Brigadas Internacionales. Está enterrado en una fosa común de Paracuellos del Jarama.

Memoria histórica.

La Razón, *5 de marzo de 2006*

Progenitores

Atención a la nueva majadería del Gobierno. El Registro Civil sustituirá a partir de hoy los términos «padre» y «madre» por «progenitor A» y «progenitor B». Según el Ministerio de Justicia se trata de una adaptación terminológica a la ley de enlaces homosexuales. Una absurda adaptación, a mi modo de ver, conocida la desértica escasez de uniones entre los homosexuales, cuya abrumadora mayoría quieren seguir siendo libres a espaldas de Zerolo.

Me preocupa el agravio comparativo. ¿Quién será el progenitor A y quién el B? Se podría haber solucionado el problema echando mano de los términos «progenitor» y «progenitora». Una pareja de homosexuales, por mucho que lo intente, es incapaz de progeniar por imposibilidades obvias. De esta manera, estos tontos han modificado la norma de inscripción del Registro Civil, más que para «una adaptación terminológica a la ley de enlaces homosexuales», para una adaptación terminológica a un imposible metafísico.

Vamos a ver. No se me distraigan, ilustres asnos gobernantes, y permanezcan atentos: para que nazca un niño o una niña desde la simple consecuencia natural, es preciso que el varón, o sea el hombre, fecunde con sus espermatozoides el óvulo de la mujer. Ese hombre, por lo tanto, será el padre de la criatura, y la mujer, la madre. Entiendo y aplaudo los deseos que pueda tener Zerolo de ser el padre o la madre de su infecundable hijo, o el progenitor A o B, pero por muy grande que sea el amor que le une a su cónyuge actual, que no recuerdo bien si se llama Manolo o Ramón Luis, ni el uno ni el otro pueden ofrecer a los espermatozoides de ambos el destino de un óvulo dispuesto a ser fecundado.

Si el padre y la madre desaparecen, ¿cómo sustituirán los niños del futuro los cariñosos apelativos de Papá y Mamá, e incluso, de Papi y Mami? Suponiendo, que es mucho suponer, que el progenitor A sea el padre, los niños habrán de dirigirse a él como «Progo», y si el progenitor B es la madre, está claro que sólo atenderá a las demandas de sus hijos si éstos se refieren a ella como «Proga». El más cariñoso «papaíto» será «progoíto», y en consecuencia, «mamaíta», «progaíta». Una charla entre jóvenes se enriquecerá de las nuevas fórmulas y conceptos. —¿Salimos esta noche?—; —no lo sé, porque tengo problemas con mis progenitores—; —pues mis progenitores me han dado permiso—; —pero los míos no. Bueno, mi progenitor A me ha dicho que haga lo que quiera, pero mi progenitor B me ha amenazado con irse de casa si salgo esta noche contigo. Y no puedes ni figurarte el lío que se ha montado, porque mi progenitor A le ha dicho a mi progenitor B que exagera, y mi progenitor B le ha contestado a mi progenitor A que sin autoridad no se puede educar bien a los hijos. ¡Qué suerte tienes de tener unos progenitores tan comprensivos!

La juventud ha establecido un nuevo lenguaje en la Real Calle, que no concuerda con el que recomienda la Real Academia Española. De tal forma, que el máximo elogio que pueda decirse y oírse de una persona es que es un «tío o una tía de puta madre». Así que el esfuerzo creador de la juventud va a sentirse humillado con las novedosas terminologías. —¿Conoces a Rafael?—; —sí, y me parece un tío de puto progenitor B.

En el caso de adopción de niños por parte de las parejas homosexuales, tampoco encaja el término «progenitor». Otra cosa es que no sepan registrarlo adecuadamente por ignorar quién va a desempeñar el papel de padre y quién el de madre. Para ello nada más fácil que seguir las sabias normas de la naturaleza. Padre es el que da y madre el que recibe. Pero si los dos se dan y se reciben mutuamente y en la misma medida, hay que reconocer que el Registro Civil puede suponer para ellos una prueba de infranqueable superación. En la Baja Andalucía, siempre sobrada de talento, a los homosexuales masculinos se los distingue con dos términos muy ajustados. El «bujarrón» y el «mariquita». El bujarrón podría ser el progenitor A, y el mariquita el progenitor B, pero la futura Ley de Igualdad puede afectar a la aplicación de dicha solución, dado que el progenitor A y el progenitor B tienen que ser iguales, y si la A en el alfabeto antecede a la B, se produce un claro caso de discriminación por razón de sexo, porque el B querrá ser el A con todo el derecho de su parte.

Y todo esto, por cuarenta parejas. Este Zerolo manda una barbaridad. Y así vamos. De culo.

La Razón, *8 de marzo de 2006*

Jabón y perfume

Seguí a ratos, sin excesivo interés, la ceremonia de entrega de los Oscar. Más que la identidad de los ganadores, me producía curiosidad el ambiente. América es el Cine, con mayúscula. La diferencia —horteradas aparte— entre el acto de entrega de los Oscar y el de nuestros cochambrosos Goya es la misma que se establece entre la ceremonia de los premios Príncipe de Asturias y la de los premios Ondas, por poner un ejemplo.

En el teatro Kodak olía bien. La televisión, a través de la imagen, también procura la interpretación de los aromas y los hedores. En Hollywood, las actrices, mejor o peor, pretenden aparecer bien vestidas y los actores y directores van limpios. Se visten con respeto por respeto a los millones de espectadores que siguen en todo el mundo la ceremonia. No se presentan con harapos y camisetas de progres marginales, como en los Goya. Jack Nicholson es tan buen actor vestido con un esmoquin que con una camiseta sucia, pero elige el esmoquin —como la mayoría—, para proclamar la película ganadora. El escenario de los Oscar y su inmenso patio de butacas huele a jabón, a colonia y a perfume. El escenario y el teatro de los Goya pide a gritos, después de la entrega de sus cabezotas, la llegada de un equipo de desinfección. Aquí, lo moderno es asistir con apariencia de guarros. La aparente suciedad, en algunos casos tan real como la vida misma, no es otra cosa que una falta de respeto a los que cumplen con la cortesía. Pero todavía estamos en ésas, con semejantes tics de retroprogresía, y además, para premiar a un cine —en esta ocasión con minúscula— tostón, majadero y malo. Hollywood busca el llamado y misterioso glamour, en tanto que Madrid lo que consigue, con creces, es el glamour de los microbios, las bacterias y el sudor.

Me interesa, dentro de lo que cabe, lo que se premia en Hollywood, porque después lo veo. Soy un buen cliente en taquilla y en compra de películas del Cine americano. Los actores no sobreactúan, los guionistas están sobrados de oficio y de talento, los directores dirigen y el resultado garantiza un espectáculo agradable, cuando no grandioso. Los actores americanos e ingleses lo son cuando trabajan, no permanentemente. Y tienen la buena educación de lavarse, o al menos, de parecer que lo hacen, que en ese aspecto los británicos son maestros. Aquí es al revés. Los que se lavan quieren aparentar su divorcio con el jabón y la conclusión es mucho menos placentera.

En resumen, que la ceremonia de entrega de los Oscar es un espectáculo que se deja ver por su cortesía con la estética. Los actores, directores y realizadores de izquierdas —que los hay— del Cine americano no tienen necesidad de presentarse en el Kodak vestidos de espantapájaros para reafirmar sus ideas. Cuestión de estética, de pretensión de buen gusto, de reunión de auténticos ídolos. Se ilumina la gran sala, y los millones de espectadores, a decenas de miles de kilómetros, adivinan el uso del jabón, y de la colonia, y del perfume.

La Razón, *12 de marzo de 2006*

As bolas

A traiçao es a mais fea das culminaçoes dos dirigentes políticos. Se pó ser tonto, desatendido da cultura, boboco parcial ó total, falto do respeito cum os dinheiros públicos, ególatra como o caraixo da vela, prepotente, o simplemente zumbado como o peito do grande gorila. Máis nunca jamais, traidor, é decir, responsábel de la comiçao de traiçao a os cidadaos de su naçao. La naçao espanhola, padece hoje em día, la política de la traiçao. Lo escrevo em portugues macarrónico por no recever a demanda do Fiscal do Estado, o muito excelentísimo señor Conde é Pompido senhalando-me como grande infrator de um delito de desacato. De ista maneira, sempre podré dizer ante o juis o juiza de instrucçao penalista, que meu artículo era um pitorreo e nao tinha intençao de ferir a sensibilidade dos traidoires.

O traiçao é a traiçao. Nao se define. Sent-se. A os postreiros meises, as conversaçoes, negociaçoes e charlinhas emtre o presidente do Governo Espanhol e os dirigentes dos naçionalismos das periferias, nao pararon de producir-se. Cum os nacionalistas da Catalunha, la ceçao o regalo de la administraçao cum objeito final da independença. Cum os nacionalistas bascos, o «caminho en pois da paz» cum la benevolença carcelaria en benefiço dos criminais terroristas. ¿Istaba em o programa electoralista do senhor Zapateiro la conceçao de la semi-independença a Catalunha o el contaito direito y persistente cum os terroristas a culo da sociedade espanhola? Nao, nao e nao. Por tanto, esa obseçao tradúcé-se pel o máis molusco observador, como traiçao.

Agora, Zapateiro ha formalizado cum os representantes do nacionalismo periférico da Catalunha el reconocimento da nacionalidade catalana, de la cançao patriótica dos Seigadors cum categoría de hino nacional, e la celebraçao discrecional das festas segum salga do pito dos gobernantes das provinças em cuestiao. Toido, para asegurar-se su mantenimento em o poder, para amsí persistir em a fornicaçao de toidos los espanholes, igualmente socialistas que liberales, comunistas o conservadoires.

Intretanto, manda a o vicepresidenta a Maputo a facer danzas e lucir modelitos. As companhías e sociedades espanholas em América, son asaltadas por seus amigos. La Comunidade Europea dize nao a la intervençao do Governo que deseja impedir uma operaçao opista que nao tenhe que ver cum o Paito do Tinell. A economía va de traseiro, a iglesia se sente agredida, a educaçao pretende dar o volta a os intervencionismos estalinistas, a seguridade em as rúas alcanza límites do terceiro mondo, é a boa gente normal comença a dudar si Zapateiro es elemental boboco, ó ademais muita mala persoa. E por alça de toido, por encima de toido, si Zapateiro, istá cumpliendo cum o cometido dos traidoires.

Espanha, senhor Zapateiro, e una naçao antiga e grande. Catalunha e os terras basconhas sempre formaron parte de la naçao espanhola. Ni dereitos históricos ni leites.

Ni diferenzaçao ni rábanos. Ni distinçaos ni polhas. La Constituçao Espanhola nao admite outra naçao que Espanha, e sua soberanía istá repartida e integrada intre toidos os cidadaos espanholes. Vosé nao é naide para creerse que Espanha é de vosa propiedade e que pode facer cum elha lo que salga do güito. Para iso, é fundamental la celebraçao previa de uma consulta, un refreindo popular participado por toidos os espanholes. Si vosé se empenha en seguir cum suas barbaridades, vosé é um traidor como a copa de um pinho do Algarve.

Terribel gobernante, grande inculto, cum sonrisa de falsedade, de impossivel comunicaçao cum oitros dirigentes —os normais—, europeos ó mondiales por paleto. Zapateiro es um dos grandes paletos do mondo occidental. Máis sua paletería nao importa si nao tenhe a sua vera a perigosa posibilidade de cometer traiçao cum Espanha. Traiçao que ha dado principo cum el punheteiro novo Estatuto da Autonomía de Catalunha.

Nao vamos a consentir-lo. Espanha e muito velha e muito sabia para permitir a um iluminoso sem dois dedos de responsabilidade que nos la rompa e nos la faga pedacitos. Centos de miles de votantes suos están hasta os napias, por no dizer hasta os ovos, por no dizer hasta os cojhoes, de iste gobernante que nos ha tocado em sorte. Espanha va a resistir, senhor Zapateiro. Vosé nao é nada e ninguém para repartir nostra velha é amada naçao a su gosto e antoixo.

Nao vamos a consentir que se comfuda o rispeito democrático cum o sílenço dos cordeiros. Espanha e muito para um tipo como vosé. Deixe de tocarnos as bolas, Zapateiro.

La Razón, *17 de marzo de 2006*

Ellas

Ellas son las diputadas del PSOE, de Izquierda Unida y de ERC. Muy exageradas y susceptibles. Pesadísimas. Estas chicas leen a Madame de Stael o a Nathalie Clifford Barney y queman las librerías que venden sus obras. Madame de Stael escribió que daba las gracias a Dios todos los días por haber nacido mujer. Hasta aquí, todo políticamente correcto. Pero después del agradecimiento a Dios, caía de plano en el delito de la incorrección. «Le doy gracias a Dios todos los días por haber nacido mujer, pues de nacer hombre tendría que haberme casado con una mujer.» Si Zaplana, en lugar de hablar de los modelitos y disfraces de la vicepresidenta del Gobierno se remonta a Madame de Stael, aún estaría corriendo por la autovía de Valencia perseguido por una furiosa turba de diputadas. Y Nathalie Clifford Barney quebró los fundamentos del feminismo con una cabriola hacia atrás espectacular y esclarecedora. «Ni el feminismo ni la feminidad son cuestiones de sexo, porque un francés es y será siempre más mujer que una inglesa.» ¡Quememos los libros de Nathalie Clifford Barney! Una mujer que se atreve a tratar con humor al feminismo y la feminidad no puede estar presente en la «cultura» progresista. Sucede que estas chicas, cuando no incultas e ignorantes, son dogmáticas y fundamentalistas, y el sentido del humor no les entra por las orejas. Cuando leo que Carmen Calvo es una mujer cultivada, me la figuro con lechugas, rábanos y zanahorias surgiéndole de las orejas. Esta simple observación, puramente humorística, no hay diputado que se atreva a exteriorizarla en el Congreso, porque le caerían en la cabeza los respaldos de los escaños de las pesadas.

El portavoz de la Oposición tiene todo el derecho, en una cámara parlamentaria, a utilizar la ironía con una vicepresidenta del Gobierno que posa con sus compañeras de gabinete para una revista de lujo y se disfraza de bailarina de Maputo en un viaje absurdo que ha costado más dinero que el dinero que se le da al Gobierno de Maputo. Prohibir la ironía, el sarcasmo y la libertad de expresión en el Congreso es guillotinar al parlamentarismo. Esa reacción histérica de las diputadas progres abandonando el hemiciclo es ridícula. Los fundamentalismos siempre terminan por volverse contra ellos mismos por razones de supina estupidez.

Las ironías parlamentarias hay que aceptarlas como las frases envenenadas. Una escritora socialista, Carmen Rico-Godoy (espero que sigan respetando su memoria las pelmas del PSOE), escribió que «detrás de un gran hombre hay una gran mujer, pero detrás de una gran mujer hay siempre una buenísima asistenta». Si la añorada Carmen hubiera escrito tal cosa en estos tiempos, las payasas histéricas le habrían hecho trizas. Todo son frases, y las palabras de Zaplana estaban ajustadas a la libertad de ironía parlamentaria, no al insulto. De ironía saben mucho Alfonso Guerra y Alfredo Pérez Rubalcaba. Soledad Becerril jamás abandonó su escaño por una maldad de Guerra. Es cuestión de educación, de respeto a la libertad y de medida. Pesadas.

La Razón, *19 de marzo de 2006*

Rosa Díez

El PSOE ha apartado a Rosa Díez de la Comisión de Libertades de la Unión Europea por criticar la política anti-ETA del Gobierno de España. Esa Comisión es la encargada de hacer recomendaciones a los Estados sobre la lucha contra el terrorismo. Lo que tendría que hacer Rosa Díez es corresponder al PSOE y apartarse de su militancia. Rosa Díez es una mujer extraordinaria, inteligente, valiente, coherente y firme. No se dedica a los modelitos ni a los viajes de propaganda. Se dedica a defender la libertad y la democracia en el País Vasco, y su dedicación es sinónimo de riesgo, de incomodidad, de fortaleza ante los insultos y de perseverancia en sus fines a pesar del nulo apoyo que recibe de sus compañeros de partido. Con Rosa Díez todos nos sentimos socialistas, excepto los nuevos y la inteligente reliquia de Rubalcaba. Rosa Díez es como Redondo Terreros, Maite Pagazaurtundúa, Gotzone Mora, los Buesa, los Múgica... Como todos los socialistas vascos que sufren el ataque de tres fuerzas con poder omnímodo en sus territorios. El ataque de los terroristas, el de los nacionalistas y el de los socialistas de Zapatero.

Rosa Díez es partidaria de la victoria sobre ETA sin otra condición que el cumplimiento íntegro de las penas por parte de los asesinos. Rosa Díez es partidaria de la vigencia del Pacto por las Libertades y contra el Terrorismo, que acorraló a la nauseabunda y asesina banda, además de su entorno, con el Partido Popular y el Partido Socialista unidos en la lucha. Rosa Díez no es partidaria de la humillación del Estado de Derecho. Rosa Díez no es partidaria de hacer el imbécil. Y por ello, quizá por lo último, ha sido destituida por orden del inefable Pepiño Blanco, por «no estar en la posición que nosotros defendemos en esta materia», según palabras de una señora, probablemente aficionada a los modelitos, que responde al nombre de Elena Valenciano, portavoz adjunta de la Delegación Socialista en el Parlamento Europeo, y a la que nunca le ha quemado la nuca una bala preparada para rompérsela.

Rosa Díez se siente tan vasca como española, y eso no tiene sentido ni perdón en el socialismo de hoy. Rosa Díez ha estado siempre con las víctimas y en contra de los verdugos, y eso no tiene sentido ni perdón en el socialismo de hoy. Rosa Díez ha estado y luchado mano a mano con los populares y contra el terrorismo, y eso no tiene sentido ni perdón en el socialismo de hoy. Rosa Díez, como María San Gil cuando los asesinados han sido socialistas, se ha abrazado y llorado la muerte de los dirigentes del Partido Popular en el País Vasco, porque entendió desde el principio que los unos sin los otros no podrían defender la dignidad de la sociedad ante la brutalidad del nacionalismo excluyente o criminal. Y eso no tiene sentido ni perdón en el socialismo de hoy. Rosa Díez ha declarado con valentía —la suya, la que no tiene que demostrar— que «en España estamos viviendo una tragedia», y eso no tiene sentido ni perdón en el socialismo de hoy. Rosa Díez ha escrito públicamente al presidente del Gobierno criticando con tanta disciplina como dureza su política antiterrorista. Rosa Díez, ahora en Europa, ha convivido durante años con las amenazas, las agresiones, los insultos y la posibilidad de la muerte. Se le paga cesándola sin aviso ni cortesía. Rosa Díez ha entregado a su partido, el PSOE, y a España, su tranquilidad personal y familiar. Ha recibido el premio.

Rosa Díez se ha hecho día tras día y angustia sobre angustia a sí misma y sin ayuda de nadie. ¿Qué hacen las diputadas socialistas histéricas, folclóricas y fundamentalistas del feminismo ante una injusticia como la que padece una ejemplar compañera? Nada. La solidaridad con Rosa Díez no garantiza ni el escaño ni el sueldo, ni las dietas ni los besitos de Zapatero. Esta mujer de hierro, esta heroína de la libertad, este valor incalculable del verdadero y honesto socialismo, ha sido apartada por criticar la bajada de calzoncillos —y de bragas, no vayan a enfadarse las feministas por la omisión— del Gobierno de Zapatero ante los terroristas de la ETA. En demasiados velatorios y entierros de víctimas ha estado Rosa Díez como para callarse. En demasiados pasillos de clínicas, a la espera de una noticia esperanzadora, ha estado Rosa Díez como para callarse. En demasiadas ocasiones ha sufrido la brutalidad física o verbal de los salvajes, como para callarse.

Donde vayas, Rosa Díez, y te espere la gente decente serás bien recibida. Pero sepárate, aunque te duela, del Partido al que has dedicado lo mejor de tu vida. No te merecen. Son indignos de tu grandeza.

La Razón, *24 de marzo de 2006*

No trago

He leído con atención el texto del comunicado de la ETA anunciando un «alto el fuego», o lo que es lo mismo, una nueva tregua a su manera, que ya sabemos, por haberlas padecido, en qué consisten las treguas etarras. Y no comparto en absoluto el optimismo de los políticos y de los medios de comunicación afines al Gobierno de Zapatero. En el comunicado etarra no se habla de abandonar y entregar las armas. Durante las dos treguas anteriores, la banda asesina aprovechó el desconcierto y la ingenuidad de nuestros políticos para rearmarse. En el comunicado etarra no se habla de renunciar a la práctica del chantaje, que ellos llaman «impuesto revolucionario». En el comunicado etarra no se menciona la intención de eliminar de las calles de las ciudades y pueblos vascos la violencia del terrorismo urbano, su amada *kale borroka*. En el comunicado etarra no se habla de abdicar de la pretensión imposible de anexionar el Reino de Navarra a las provincias vascongadas. Una imposición brutal contra toda una sociedad que no quiere ser moneda de cambio en las exigencias del independentismo vasco. En el comunicado se exige a las autoridades españolas y francesas que dejen a un lado la represión. La represión, para ellos, es el cumplimiento de las leyes y las condenas a prisión por actos terroristas.

Todo parece calculado. Al día siguiente de reconoçerse Cataluña como «nación» en el preámbulo del nuevo Estatuto de Autonomía, la ETA declara su tregua con un oportunismo favorable al Gobierno de España tan sospechoso como maloliente. No trago.

Todo esto nace de las conversaciones de Carod-Rovira en Perpignan. Todo sigue con la actitud humillada de los dirigentes socialistas vascos que se han entregado, no sólo a los nacionalistas del PNV, sino a los criminales de Batasuna. De nuevo, en la confusión semántica y conceptual que tan bien dominan los terroristas, se establece la repugnante situación de tablas, sin vencedores ni vencidos. Y no trago. Esta tregua es una trampa más con el Plan Ibarreche de fondo. ¿Qué camino va a seguir el Gobierno? ¿Va a aceptar la entrega de Navarra? ¿Va a mantenerse quieto mientras la ETA sostiene su financiación con el chantaje? ¿Va a humillar al Estado de Derecho desde las recomendaciones inauditas y resignadas de un Fiscal General que insta a los jueces a no cumplir las leyes? Las exigencias etarras son innegociables, y en pocos meses, cuando la banda terrorista advierta la imposibilidad de alcanzar sus objetivos, volverá a matar. Y lo hará con sus comandos reorganizados, sus asesinos rearmados y sus cómplices, posiblemente, legalizados por una mayoría parlamentaria nublada por la deslealtad constitucional y la cercanía de la traición a España.

No trago. Esto no es una tregua sino una imposición de objetivos inaceptables. Como persona de la calle, como español, orgulloso de la totalidad de su patria, prefiero que me vuelen la nuca a que unos irresponsables unidos a unos desalmados me troceen mi Nación, con mayúscula, la única. Mejor el tiro que la traición.

La Razón, *31 de marzo de 2006*

El lince y el madroño

No saben qué hacer para entorpecer los proyectos de Esperanza Aguirre. Ahora se han inventado lo del lince. Curiosa coincidencia. El lince vive en el trazado de la futura autovía de los Pantanos, un proyecto que quita el sueño a los socialistas. ¿Cómo detener la M-501 y sus favorables consecuencias en las urnas? Inventándose un lince. Un grupo de ecologistas «sandías» —muy verdes por fuera, muy rojos por dentro—, de los llamados ecologistas «coñazo», se ha topado con una boñiga excremental de lince. Las posibilidades de encontrar un lince en Madrid son las mismas que las de toparse con un oso. Lo que no es difícil es hacerse con una cagadita de oso —en el zoo abundan—, y depositarlo entre los brezales de Somosierra para simular posteriormente su hallazgo. La carretera de los Pantanos es la más peligrosa de la Comunidad de Madrid. Centenares de accidentes mortales en los últimos años. Pero hay que paralizar el proyecto porque se ha encontrado un molondro de lince. Si el lince estercolado no aparece —que no aparecerá—, dirán que la autovía interrumpe el desarrollo vital de una pareja de sapos parteros. Y si los sapos tampoco paralizan las obras, se inventarán las desdichas domésticas de una familia de buitres o de mochuelos moteados. Todo menos soportar un nuevo éxito de Esperanza Aguirre.

Éstos son capaces de traerse un lince de Doñana y soltarlo en el aparcamiento de la T-4 de Barajas. El lince ibérico matritense, es decir el *Lynx Pardina Matritensis*. Ejemplar único. No figura en mi *Guía de campo de los mamíferos salvajes de Europa* de Van den Brink y Barruel (Editorial Omega, 1971). En la *Guía de campo de los mamíferos españoles*, de Luis Blas Aritio, se lee que el lince vive en zonas muy concretas. Y tan concretas. El Parque Nacional de Doñana y alguna zona serrana de la provincia de Cáceres. Cuando Jaime de Foxá escribió su *Solitario*, algún lince quedaba en Sierra Morena, pero ya habían desaparecido de los Montes de Toledo. Curiosa aproximación del lince a la provincia de Madrid y, en concreto, a la zona de los pantanos. Puede tratarse de un lince aficionado a la natación o a la vela. Un lince muy sociable, de urbanización de chalés adosados. Cosas más raras se han visto. Ya he escrito que en La Moraleja, en la década de los sesenta, fue abatido un guacamayo azul (*Arará arará*) de un certero disparo. El guacamayo provenía de una casa del Encinar de los Reyes, habitada por un militar americano destinado en la base de Torrejón. Y también en La Moraleja fue vista una cacatúa de Borneo. Y me refiero a ejemplares, no a cagarrutas.

En el remotísimo caso de que fuera cierto el deambular de un lince por la zona de los pantanos madrileños, no estimo razonable concederle más importancia que a los madrileños no linces que se matan en la carretera más peligrosa de la provincia de Madrid. Lo que tiene que hacer Esperanza Aguirre es pedirle al alcalde Ruiz-Gallardón que cambie el escudo de la Capital del Reino. Fuera el oso. A partir de ahora, el lince y el madroño.

La Razón, *1 de abril de 2006*

Españoles de segunda

Por 189 votos a favor y 154 en contra, el Congreso de los Diputados aprobó el nuevo Estatuto de Cataluña. El principio del fin. Ciento ochenta y nueve españoles de segunda —muchos de ellos no se consideran ni eso— cometieron la tropelía. No figuraba la traición en el programa electoral del PSOE, pero se ha consumado. Los aplausos y el entusiasmo de los nacionalistas y aldeanos certificaban la importancia de la deslealtad. Los socialistas que anunciaron su desacuerdo votaron todos a favor. Más disciplina de pesebre que disciplina de partido.

Diálogo de Don Antonio Machado sobre los regionalismos y los nacionalismos de su época. «—De aquellos que dicen ser gallegos, catalanes, vascos, extremeños o castellanos antes que españoles, desconfiad siempre. Suelen ser españoles incompletos, insuficientes, de quienes nada grande puede esperarse—. —Según eso, amigo Mairena, un andaluz andalucista será también un español de segunda clase—. —En efecto —respondía Mairena—; un español de segunda y un andaluz de tercera.»

Los socialistas con los separatistas. Traición a millones de españoles que confían en ellos. Ortega y Gasset en su

España invertebrada: «Tuvo España el honor de ser la primera nacionalidad que logra ser una, que concentra en el puño de un Rey todas sus energías y capacidades. Eso basta para hacer comprensible su inmediato engrandecimiento. La unidad es un aparato formidable por sí mismo, y aun siendo muy débil quien lo maneje, hace posible las grandes empresas. Mientras el pluralismo feudal mantenía desparramado el poder de Francia, de Inglaterra, de Alemania, y un atomismo municipal disociaba a Italia, España se convierte en un cuerpo compacto y elástico al tiempo.» Y José Bergamín, poeta menor del Veintisiete, republicano, exiliado, retornado y cobijado en sus últimos años por la amargura de su fracaso en los círculos batasunos de Eva Forest: «Las dos grandes aventuras del hombre —la aventura del mundo, la aventura de Dios— tuvieron en la palabra española su dicción más pura y exacta.» Del socialista Indalecio Prieto, al que no han leído ninguno de los zotes del socialismo de hoy: «Algunos cosmopolitas de nuevo cuño se burlan de lo que llaman mi patriotismo enfermizo. Para ellos, todo el mundo es lo mismo; para mí no. Yo no tuve más que una madre, a la que perdí, y una sola Patria, que temo haber perdido para siempre: España. Jamás encontraré modo de sustituirlas.»

¿Eran fascistas, o fachas, o cavernícolas, o patrioteros Antonio Machado, Ortega y Gasset, José Bergamín e Indalecio Prieto? De haber dicho y escrito lo que antecede en nuestros días, no tengan la menor duda de que entrarían de lleno en el desprecio de los analfabetos que nos gobiernan y de los nacionalistas y separatistas que apoyan a quienes nos gobiernan. El problema es que no sólo la ignorancia y la estupidez predominan en nuestra política. Está también la traición. Y todos los diputados socialistas, todos, se abrazaron a ella.

La Razón, *5 de abril de 2006*

Romance marbellí

El juez Miguel Ángel Torres está llenando la trena con asesores, políticos, abogados y alcaldesas. Miles de millones de euros intervenidos esperan. Un helicóptero llora aceite de hélices quietas. El juez Miguel Ángel Torres no descansa en la faena, y en la cárcel de Alhaurín cuelga el cartel de «Completa». Los caballos no galopan, los toros de lidia sueñan con imposibles capotes, con recónditas muletas, con clarines silenciosos en la plaza de Marbella. Le dice el león al búfalo, de cabeza a otra cabeza. —El que nos mató se ha ido con grillos en las muñecas—.

De Madrid, seis abogados llegaron en furgonetas, y cuatro de ellos ya están en contacto con las celdas. Un bufete de abogados tiene la sede entre rejas. Los picassos, los dalís y los mirós, tristes, cuelgan de paredes enteladas en tonos bastante horteras. Los diez teléfonos móviles del asesor ya no suenan, ni vibran, ni dan mensajes de locuras financieras. La alcaldesa Yagüe tiene la piel recién recompuesta y se la muestra orgullosa en el recreo, a otras presas. A la teniente de alcalde le caen dos límpidas perlas por esa luna de miel tan breve y tan incompleta. Del Neva y el Hermitage al calabozo en Marbella.

El Ayuntamiento está sin un euro y en la quiebra. Los barrenderos no tienen para bolsas de limpieza. Se marcharon los chorizos, llegaron las mortadelas. En Puerto Banús, los barcos se intervienen a docenas. Seis mil urbanizaciones dan guardia a las carreteras. Lo que fue un pinar frondoso es hoy una madriguera de tres mil apartamentos a cambio de unas maletas rebosadas de billetes para algunos sinvergüenzas. El mar no quiere ser mar, y en las playas, las sirenas, son ahora de los coches de policía que suenan. La Sierra Blanca no quiere perder su perfil de sierra. ¡Ay, Alfonso Hohenlohe, qué han hecho con tu Marbella! Qué suerte que no la vivas, qué suerte que no la veas.

Con Gil y Gil empezó Marbella a no ser tan bella. Llegaron las comisiones, los favores, las prebendas, el vaivén de los solares, las constructoras sedientas, las nuevas inmobiliarias y las mafias europeas. Una Chicago en pequeño, un Montecarlo en hortera. Con Gil y Gil encausado por tropelías diversas, el alcalde fue Cachuli el de la tonadillera, que saltó de camarero a concejal de primera, el que canta en el Rocío y viste de tal manera que le cubre las tetillas su cintura marismeña. Y lo trincó la Justicia, y se enfadó con la prensa, como si de sus manejos, culpa la prensa tuviera. Y de Cachuli a la Yagüe, no hubo transición siquiera, porque no puede cambiar lo semejante en maneras.

Pero Marbella no es sólo la mafia y la escandalera. Es una ciudad de gentes que trabajan con decencia, y que pagan los impuestos que después otros se llevan. No merece el marbellí esa corrupción chusquera que ha enriquecido a unos pocos y ha dejado en la miseria las arcas municipales y el prestigio de su tierra. Con los frescos en la cárcel se limpia sola Marbella.

La Razón, *16 de abril de 2006*

De humores

Escribo en la mañana del Sábado Santo y me siento de buen humor. Es raro lo del humor. Unos días vuela y otros se esconde. El humor no responde siempre a la situación. Decía Jardiel Poncela que definir el humor es más difícil que pinchar a una mariposa con un poste de telégrafos. Mi buen humor puede ser consecuencia de mi lectura nocturna de ayer. Leí cuentos, diálogos y locuras de Antonio de Lara, Tono, uno de los grandes del siglo XX. Así que lo operaron para quitarle una maldita piedra que le produjo un doloroso cólico nefrítico y le torturaba en los desagües. Y Antonio Mingote, que acudió a visitarlo al sanatorio le preguntó: —¿Era grande la piedra, Tono?—. —Grandísima. Fíjate cómo sería de grande que ponía «Ulloa Óptico»—. La verdad es que algo va mal en España para que las circunstancias impidan una renovación en el talento humorístico de sus escritores y artistas. Antaño florecía el ingenio y hogaño el desdén y la amargura. Unos cuantos, los concededores de bulas y del carné oficial de «intelectual» —nuestro analfabeto y grosero Cine rebosa de acreditados—, han decidido que el humor y la inteligencia están reñidos. Figúrense. En Inglaterra no se concibe la inteligencia sin humor, y aquí estamos en lo contrario. Días atrás, con gran esfuerzo, pero llamado por la curiosidad, vi una película española de estos chicos de Animalario, que dicen que son muy graciosos. Ignoro la identidad del guionista, pero de haberle quitado todos los «hostias», «tío», «tía», «coño», «puta idea», «puta madre», «cabrón», y «me cago en la (lo que sea)», la película se habría convertido en un cortometraje de cinco minutos. Qué falta de talento, de ingenio y de correspondencia con la realidad. Y ellos, malísimos. Ha dicho José Sacristán, con riesgo y valentía, que los actores argentinos les dan sopas con onda a los españoles. Los argentinos, los colombianos, los peruanos y los que sean. Y vuelvo al humor, al sentido común que asombra, a la ráfaga genial del absurdo, que no es otra cosa que la lógica. —Aquí donde la ve, mi hija pudo casarse con un duque—; —¿Y por qué no se casó?—; —Porque no quiso el duque—.

Sigo con Tono, Antonio de Lara Gavilán, a ver si tenemos suerte y lo leen algunos de los escritores y guionistas de hoy, tan pedantes algunos, tan groseros los más, tan malos casi todos. El humor, síntesis de la realidad. Un amigo acompañó a Tono a la peluquería. Le llegó el turno, y el peluquero, amable y servicial, le preguntó: —¿Cómo quiere que le corte el pelo, don Antonio?—; —sin hablar—. En Hollywood, en la casa de José López Rubio, otro de los grandes de la Generación Simpática del Veintisiete, se reunió un grupo de amigos. Estaba Edgar Neville, otro grandísimo, y Tono, y entre los invitados, tres personajes de cierta importancia. Albert Einstein, Charles Chaplin y Buster Keaton. El segundo y el tercero algo les sonará a los del Cine español, eso espero. Pero Tono hablaba sin parar a Albert Einstein, que le prestaba una deferente atención. Cuando terminó de hacerlo, Edgar Neville, vencido por la curiosidad, quiso saber de qué peroraban con tanta fluidez el autor de la Teoría de la Relatividad y el humorista español. Y Tono, con la sencillez que le caracterizó siempre, se lo dijo: —Le explicaba que en este mundo, todo es relativo—.

Me pregunto, y me abruma la respuesta, cómo es posible que con maestros tan grandiosos no abunden alumnos aventajados. En la prensa española hay grandes dibujantes, pero ninguno de la escuela de Antonio Mingote, el genio por definición. (A propósito, Caín, admirado y admirable compañero en *La Razón*. Antonio Mingote opina que eres fabuloso, y me gusta que lo sepas.) Y lo mismo sucede con los escritores de humor. La llamada Generación Simpática del 98, Joaquín Abati, Carlos Arniches, Pedro Muñoz-Seca, Antonio Paso, Juan Pérez-Zúñiga, etcétera, alumbró a la Generación Simpática del Veintisiete, es decir, a López Rubio, Jardiel Poncela, Tono, Mihura, Edgar Neville, Enrique Herreros y... Antonio Mingote, aunque fuera mucho más jovencito que los anteriores. En la literatura —era un estupendo escritor y poeta humorístico— y en los escenarios y medios audiovisuales tuvieron a un alumno genial y predilecto, Luis Sánchez-Polack, Tip. Pero muy pocos más. ¿Es la reunión del humor una casualidad o una consecuencia de las situaciones? *La Codorniz* de Álvaro de Laiglesia fue un prodigio en la Dictadura y un fiasco cuando nació la libertad. Puede suceder que el bienestar económico y social reduzca la capacidad de crítica y la necesidad del Humor, con mayúscula. Pero de la reducción del talento humorístico en España —Cervantes fue su abanderado— a la sustitución del humor por la grosería, la procacidad y la cloaca mental media largo trecho. Y hoy, que me muevo entre buenos humores, he optado por la elección. Mejor una sociedad sin humor —ahí están los suizos— que una sociedad grosera —aquí estamos nosotros—. Feliz vuelta a casa.

La Razón, *18 de abril de 2006*

La nada

Resulta singular la estética nacionalista en el «Aberri Eguna» o Día de la Patria Vasca. Se reúnen en el primer andamio del aire miles de las banderas diseñadas por Luis Arana Goiri —el hermano listo de Sabino— para el PNV. Años más tarde se estableció que la banderola —eso quiere decir *ikurriña*— fuera la de Euskalerría. La *ikurriña* es la «Union Jack» con verdes en lugar de azules. La burguesía vizcaína siempre ha admirado al Reino Unido —son monárquicos de los reyes de Inglaterra, curioso—, y en la enseña de la unidad británica encontró Luis Arana el modelo a copiar. No le salió mal la imitación, porque el verde de la *ikurriña* simboliza la piel de las tierras cantábricas, verde de prado y de roble, y ese detalle ayuda a la emoción. Todo tuvo lugar anteayer, que poco más de un siglo es un suspiro en la Historia, pero muchos vascos creen que la *ikurriña* la imaginó Tubal una tarde de julio desde la cima del Monte Gorbea.

La burguesía vasca tiene —o al menos tenía— un desarrollado sentido de la estética. Y los militantes del PNV no la traicionan en sus campas elegidas para celebrar su «Aberri Eguna» el Domingo de Resurrección. Claro, que un «Aberri Eguna» sin Javier Arzallus es como la tradicional corrida del Domingo de Resurrección en la Real Maestranza de Sevilla sin Curro Romero en el cartel. Ibarreche carece de la fuerza homilíaca del ex jesuita de Azcoitia, y como Imaz, no termina de conectar con la muchedumbre. Sólo un manchón en la trayectoria «aberrigunesca» de Arzallus. El año que acudió con unas zapatillas de deporte blancas, que parecía recién llegado de jugar un disputado «set» de pádel de la casa de Víctor Urrutia, en Guecho. Aquellas zapatillas destrozaron la estética del «Aberri Eguna», si bien al año siguiente rectificó y se puso unas abarcas y unos chapines más pastoriles, auténticos y adecuados.

El pasado domingo, con la gran figura caída del cartel, Ibarreche e Imaz intentaron cumplir en el mano a mano, pero el favorable público no salió del todo satisfecho. Hubo un momento en el que Ibarreche entusiasmó al personal, pero no supo repetir o enganchar esos cuatro pases seguidos que vuelven loco al respetable. Y fue cuando proclamó que «la única Constitución del pueblo vasco son sus derechos históricos». Frase lograda y contundente, pero sólo eso, una frase. Allí se oyó muy bien, y más de una lágrima brotó en alguna mirada melancólica. Pero analizada desde la frialdad de la lectura, la manifestación de Ibarreche deja mucho que desear. Alejada de la emoción del momento y de la estética de la magna reunión, la afirmación carece de fundamento, y se escapará de las memorias en los próximos días.

Porque decir que la única Constitución del pueblo vasco son sus derechos históricos es como vender aire. Esos reivindicados, reclamados y repetidos derechos históricos no existen ni han existido jamás. Impulsos y emociones aparte, lo que dijo Ibarreche es que la única Constitución del pueblo vasco es la nada. Y me preocupa.

La Razón, *19 de abril de 2006*

Reid

¿Qué pinta en España ese sacerdote amigo de los terroristas? Se entiende que el entorno batasuno lo reciba y agasaje, como hizo con Hebe de Bonafini y Pérez-Esquivel, el mamarraché porteño. El tal Alec Reid, según parece sacerdote Redentorista, se ha propuesto redimirnos a todos los españoles bendiciéndonos desde el hacha y la serpiente de la ETA. Dice que viene con la experiencia irlandesa. No nos sirve esa experiencia, por cuanto el problema de Irlanda nada tiene que ver con el nacionalismo y el terrorismo en las vascongadas. Por supuesto que en Irlanda el padre Alec Reid ha estado, está y estará con el IRA. Como aquí en España, ha estado, está y estará con la ETA.

De producción propia o de importación, el terrorismo vasco siempre ha tenido algún sacerdote de cimbel. Sucede que los curas vascos nacionalistas de hoy carecen de popularidad internacional. Por ahí se mueve Setién, el Obispo Emérito de San Sebastián, al que ya nadie hace caso. La costumbre de la aldea a todos convierte en aldeanos. En cambio este Alec Reid les ha salido a los irlandeses viajero. Nos ha dicho que Otegui es el dirigente indiscutible de Batasuna

—ahí coincide plenamente con Pepiño Blanco—, pero que el Gerry Adams o Garry Adams vasco es Usabiaga. Tiene que conocer muy bien a unos y a otros para establecer tan ajustadas comparaciones. Para mí, que este Alec Reid es de los sacerdotes que se meten en un confesionario para perdonar los pecados de un etarra creyente —que los hay— y se desarrolla de esta guisa el diálogo penitencial. —Padre, me acuso de haber matado a una persona—; —¿Era nacionalista?—; —no, padre, además de maqueta era contraria al camino de la paz—; —¿Cómo la has matado, hijo mío?—; —De un disparo en la nuca. Pero fue con anterioridad a la tregua—; —En ese caso, no te preocupes. Estás absuelto—. Previamente, el padre Alec Reid había confesado a una feligresa de muy buen ver. —Padre, me acuso de haberme acostado con un chico—; —¿Cuántas veces?—; —Unas sesenta y tres, más o menos—; —Pues además de una pecadora, eres una guarra. ¿Tienes propósito de enmienda?—; —Padre, es que nos queremos mucho—; —Pues sal corriendo de aquí y que te absuelva otro, pendón desorejado—.

Estos curas —muy pocos, a Dios gracias— se desenvuelven a las mil maravillas entre las arias de los terroristas, los argumentos de sus partidarios y los charcos de sangre de los inocentes. Nos viene a redimir un farsante y un impostor. Nos ha llegado de la mano del entorno etarra y batasuno, y muchos imbéciles le han mostrado su respeto. Ha dicho el canalla disfrazado de hombre de Dios que para negociar «hay que contar con la ETA, pero no con sus víctimas». El norirlandés ha roto en cabrón con pintas.

Ignoro quién es, en la jerarquía de la Iglesia católica, el inmediato superior de este entrometido tarambana. Decenas de millones de españoles le agradeceríamos que nos lo alejara para siempre. Que negocie con la ETA y con su madre, si es lo que le divierte, pero sin confundir el símbolo sagrado de la Cruz con el asesino del hacha y la serpiente.

La Razón, *23 de abril de 2006*

Memoria decente

No construyó una casa en toda su vida, pero fue capaz de instituir un imperio. Pasaron por sus manos miles de millones de pesetas, y jamás se desvió un céntimo hacia su bolsillo. Se rodeaba en el palco que presidía de invitados discretos, y no permitía gestos ni exclamaciones que perturbaran a los adversarios. Vestía casi siempre de gris, y en los veranos se confundía con un viejo lobo de mar pescando doradas desde la proa de su bote, que su barco era un simple bote de marinero jubilado. Se llevaba cada tarde los periódicos a su casa y los pagaba religiosamente. Sólo le cedió su asiento al Rey en sus casi cuarenta años de presidencia. Nunca cobró una comisión ni se aprovechó de su influencia para hacer negocios a espaldas de su cometido. Era brusco y liberal, directo y cachondo, tímido hasta la exageración. Así que le preguntó su mujer, a la que todos llamaban doña María, en una cena de amigos: —Santiago, ¿verdad que me quieres mucho?—. Y el gran tipo sonrojó, y a punto estuvo de hundirse bajo la mesa, pero la pregunta era tan directa que, sólo por cortesía, había que responderla. Y lo hizo con genialidad: —Sí, María, pero no me lo recuerdes—.

No era un ser superior, como dijo el pelota de Butragueño del desertor Florentino, el de los palcos floridos de constructores, políticos, periodistas, intereses, invitaciones a cazar y pugna de yates. Pero con orden y medida, se trajo al Real Madrid a los mejores jugadores del mundo, y todo lo que hoy sigue haciendo grande a este club, nació de su sabiduría y honestidad. Eso que se llama la Cantera, lo fue de verdad, y de qué calidad y fortuna. Pero vuelvo a su cualidad más acentuada, en su caso, asombrosa. La honradez. No cobró una peseta del Real Madrid en cuarenta años, y no permitió que ni uno solo de sus directivos lo hiciera. Como ahora, con un presidente «okupa» que ha heredado de ladrillo a ladrillo la deserción del anterior y un vicepresidente inútil que cobra millones de euros por una responsabilidad que siempre ha sido honorífica.

Decía que Alfredo Di Stéfano había construido, al menos, la mitad del Estadio Bernabéu. Era el mejor jugador del mundo, y cuando declinó, le propuso quedarse en el Real Madrid, en su departamento técnico, de por vida. Pero el gran don Alfredo no lo aceptó y tuvo con su presidente la primera y última confrontación personal. Y ganó el presidente. Porque no había ni un solo futbolista del Real Madrid, por grande que fuera, capaz de vencer o rendir la integridad del presidente. Y no había ni un solo futbolista del Real Madrid que se creyera más importante que el Real Madrid, y envenenara la relación de los jugadores en el vestuario, y exigiera que fuera alineado, y hablara en público, siendo el capitán, mal de sus compañeros. Y nunca habría firmado con determinados jugadores contratos ruinosos para el club a largo plazo. No era su dinero y lo respetaba. «El dinero del Real Madrid es de sus socios, y el que lo malgaste, está estafando a los dueños del club.» ¡Qué antigüedad!

Cuando falleció, no dejó nada. Apenas nada. Y sus fieles directivos, Saporta, Calderón, Domínguez, Lusarreta, De Carlos, Paunero y otros más que se me escapan, tuvieron que hacerse cargo de la economía de su viuda, que vivió hasta el final de sus días con una ridícula pensión. Entre todos, regalaron a doña María el capricho que no pudo conseguirle don Santiago. Un aparato de televisión en color.

Se ha escrito que Pérez ha salvado al Real Madrid de su ruina. Lo hizo vendiendo una parte de su importante patrimonio. Salvarse mediante la venta no es un éxito. El que salvó al Real Madrid veinte años después de su muerte fue el que supo ver el futuro y compró por cuatro perras los terrenos de la Ciudad Deportiva en lo que habría de ser la expansión del norte de Madrid. Benditos sean los bienes que nos sacan de estos males. Pero los bienes los compró don Santiago y los males, según tengo entendido, no están resueltos.

Se quiso enterrar junto a su madre en el cementerio de Almansa. Por primera vez, imposible su protesta y su negativa, el Real Madrid pagó su entierro. Sólo generó gastos en el Real Madrid cuando no tuvo posibilidad de impedirlo. Se rodeó en vida de personas que le aconsejaron, y se dejó aconsejar. No era soberbio. No se creía nada. No le importaba el dinero ni la presunción ni la falsa apariencia. Era el anticursi. Todo lo que hizo fue para los demás. Convirtió al Real Madrid en el club más importante y respetado del mundo. Su figura se agiganta a medida que sus huesos se integran más en la realidad de la muerte. Fue el gran presidente del Real Madrid. Despreciaba a los buitres y a los vanidosos. Un hombre honrado. Un español decente.

La Razón, *25 de abril de 2006*

El espectáculo

Hay que reconocer que los socialistas son maestros en los espectáculos masivos. El día que se atrevan a posar desnudos ante la cámara del americano errante, serán imparables. Dominan los escenarios, los colores, la puesta en escena, los mutis y los movimientos. Después, no dicen más que mentiras a cuartos o verdades a medias, pero en una representación de masas, la palabra y el pensamiento son valores secundarios. También tienen fallos. La cazadora verde esmeralda del mentiroso mayor del Reino, Pepiño Blanco, no encajaba en aquel musical de Vistalegre. Los socialistas saben muy bien que lo decididamente hortera desvirtúa el espectáculo. Pero llegan a sus militantes de autobús provincial y mueven mejor las banderolas que los votantes del Partido Popular. Como aficionado al Teatro, me interesan y divierten infinitamente más las comedias del PSOE que las tragedias del Partido Popular, por mucho que las segundas, en argumento y texto, se ajusten mejor a la realidad.

Pero a los populares se les atraganta la puesta en escena. Rajoy, que es un trabajador incansable, habla, denuncia y acusa con razón y motivo, mientras un grupo de jóvenes más tristes que un pinar en la anochecida mueven unas banderitas con menos gracia que los Hermanos Calatrava. El mundo de hoy se mueve por el espectáculo visual. La honestidad, la sensatez y la protesta fundamentadas nada pueden hacer contra una puesta en escena multicolor y multitudinaria. No se ganan votos con cenas de militantes y palabras adecuadas. Los votos se consiguen con espectáculos audiovisuales bien dirigidos y mejor representados. Los políticos socialistas son, ante todo, actores. Y se saben su papel de memoria.

En la fiesta de Vistalegre, Zapatero no dijo nada que tuviera un interés especial. Mintió, brujuleó, se escondió, evitó comprometerse y obvió lo que en la sociedad se comenta. Se olvidó del atentado de la ETA contra los bienes de un navarro trabajador y honesto. Pero se mostró alegre y confiado, y su público abandonó feliz la representación teatral. Decía Bernard Shaw que la diferencia entre el público y la masa es que, mientras el primero acostumbra a ser bastante idiota, la masa es definitivamente imbécil. El secreto está en emocionar a la imbecilidad, y ahí los socialistas le sacan al Partido Popular varias cabezas de ventaja. El día que el Partido Popular se convenza de que también su masa es tonta, sacarán tajada de sus puestas en escena. No es preciso que el director teatral sea un genio. En el PSOE el encargado es Pepiño Blanco. Con eso, todo está dicho.

Renovación en la imagen y en el espectáculo musical. Más imaginación que decencia y menos argumento que luminosidad. Más comedias musicales que ruedas de prensa, conferencias y presentaciones de libros o de programas. Un libro o un programa no emocionan al tonto. Al tonto hay que dárselo todo hecho. Que abra los ojos y disfrute, aunque sea mentira. Lo que hacen los socialistas.

La Razón, *26 de abril de 2006*

Viriato

Han pasado más de treinta años y el delito ha prescrito. Le di un guantazo a un mono. Espero que el Grupo Socialista del Congreso, que ha presentado una proposición no de ley para conceder a los simios la categoría de «personas» sepa perdonarme. El mono se llamaba Viriato. Tiempos de la «Mili» en Camposoto, otero de San Fernando. Servidor desfilaba con gran marcialidad y donaire, y era el encargado de portar el Guión del campamento en los desfiles y Juras de Bandera. Un Guión grana de seda con la inscripción «Centro de Instrucción de Reclutas n.° 16. Camposoto». Todo fue de perlas hasta que le regalaron un mono al coronel. A partir de ahí llegaron las torturas. Me obligaron a desfilar con el mono, que se acomodaba en mi hombro derecho. Intentaba quebrar mi marcial paso mordiéndome en las orejas durante los desfiles. Cuando llegaba a la compañía, ya el deber cumplido, mis orejas parecían berenjenas. Viriato era un pedazo de cabrón. Después de la Jura le arreé un sopapo descomunal. Voló varios metros y aterrizó junto al botijo del agua. Tembló el búcaro. Nunca más consintió en subirse a mi hombro. Me veía, enseñaba sus dientes y salía a toda pastilla. Terminó el coronel por llevárselo a su casa, pero mordió a su mujer, a su hija y a la asistenta en una sola mañana. Y como era de esperar, fue condenado a muerte.

Había olvidado a Viriato, pero la mala conciencia ha llamado a mi puerta al saber que le di un sopapo a una persona. Yo creía en aquellos tiempos que se trataba de un mono de la Amazonía brasileña, cuando en realidad era un ser humano con poquísima educación. Para mí, que esta proposición no de ley de los socialistas forma parte del pacto con «Esquerra Republicana», en homenaje a Copito de Nieve, el gorila blanco de la Guinea Española —selvas de Río Muni—, que se convirtió en orgullo y símbolo del Zoo de Barcelona, recientemente fallecido y todavía llorado en Cataluña y el resto de España. Resulta contradictorio que quieran hacer «persona» a un gorila que han tenido encerrado durante treinta años en una jaula. Claro que los socialistas, los comunistas y los de «Esquerra» hacen la vista gorda con los centenares de personas que Fidel Castro tiene encerrados en otro tipo de jaulas —mucho menos cómodas que la de Copito— por pretender ser libres. Paradojas de la vida. En España, los monos van a ser considerados seres humanos, y en Cuba, los seres humanos darían lo que fuera por ser tratados como los monos en España. Consecuencias del progreso y de la modernidad.

Vuelvo a Viriato. Lo siento, chico. No sabía que eras una persona. Nadie me lo advirtió. Pero tampoco hiciste mucho por tu parte para que yo me apercibiera de tu condición humana. Recuerda que durante los primeros días te daba de comer con mucho cariño para que te acostumbraras a mi compañía. Y tú me pagabas la dedicación mordiéndome las orejas durante los desfiles. Reconoce que mereciste la bofetada. Pero no fui el causante de tu muerte. Morder a un Cabo Primero gastador es grave. Pero tú seguiste con la mujer y la hija del coronel. Perdóname, Viriato, hermano mío.

La Razón, *14 de mayo de 2006*

Masones

El que más sabe en España de los masones es el extraordinario César Vidal. De los masones y de casi todo. En cambio, mi ignorancia al respecto es absoluta. Cuando era niño lo peor que se podía decir de una persona es que era masón. El menor detalle se convertía en un argumento de acusación. Tenía un compañero de clase, en el Colegio del Pilar de la calle de Castelló, que era un maestro en el juego de las canicas. Llegaba al colegio con diez bolitas de cristal y se marchaba con una bolsa de canicas legítimamente conquistadas. Recuerdo la escena en blanco y negro, que son los colores de la memoria de la infancia. Coincidió con uno de los recreos el paso por la calle de Ayala del cortejo fúnebre del general Moscardó, el héroe del Alcázar de Toledo. Aquello supuso un espectáculo gratuito y emocionante para todos los niños que nos hallábamos en el patio. Impresionaba el redoble de los tambores y el féretro llevado sobre un armón de Artillería tirado por dos caballos que también se me aparecen en blanco y negro. En pleno paso del cortejo, se oyó un retingle caniquero. Una bola de cristal había chocado contra un bolón de China, que eran los más preciados. El lanzador de la canica era el de siempre, y el perdedor del bolón el nieto de un ex ministro de Agricultura del Régimen. El vicio de las canicas era en ambos más influyente que la curiosidad por ver un entierro de tronío. Indignado por la pérdida de su bolón, al nieto del ex ministro no se le ocurrió otra cosa que acusar al magistral lanzador de «hijo de masón». Mientras lloriqueaba por la pieza perdida no dejaba de repetírselo. «Eres un hijo de masón y te ayuda el Demonio.» Aquella escena me impresionó vivamente. Al fin conocía al nieto de un masón. No lo era, pero desde ese momento recelé durante un tiempo de su cercanía.

Masones y el Demonio. Del segundo, como César Vidal de los primeros, la gran experta en España es Paloma Gómez-Borrero, esa mujer fantástica que tuvo la ocasión de tratar al Maligno en su propia casa romana. Después de visitar en el Vaticano al cardenal encargado de los exorcismos, Paloma escribía en su despacho y ordenaba las notas de la entrevista, cuando un grajo negro se instaló en una de las estanterías de su biblioteca. No sabe cómo entró, porque estaban las ventanas cerradas. Asustada, abandonó el despacho y pidió ayuda a su marido para espantar al pájaro. Cuando Paloma y su marido entraron en el despacho, el grajo había desaparecido con las notas y apuntes de Paloma, no sin dejar una mancha de sangre en un rincón del techo, que posteriormente analizada resultó ser sangre humana. Esa relación Masón-Mefistófeles me ha tenido siempre en vilo. La masonería me ha interesado por su ocultamiento, y a estas alturas de mi vida, creo haber conocido a muchos masones, pero ninguno me ha reconocido su pertenencia al Gran Oriente.

Con mi inolvidado amigo José María Stampa, el gran penalista, tuve una experiencia ridícula. Alguien había revelado a José María que el signo de reconocimiento entre masones consistía en agarrarse el lóbulo de la oreja izquierda con los dedos de la mano derecha en cualquier momento de la conversación. Almorzábamos con tres conocidos personajes de los que se sospechaba su pertenencia a la masonería, y Stampa y quien escribe no dejamos de practicar la contraseña durante la comida. En los postres, uno de los contraseñalados reconoció su desconcierto. —¿Sois tan amigos que cuando le pica a uno la oreja izquierda le contagia el picor al otro?—. Experiencia fallida. No eran masones.

Pero de un mes a hoy, les he visto hacer la seña a dos destacados políticos de la actualidad. Dicen que la masonería ayuda a los suyos, y que un mediocre puede ascender los peldaños de la excelencia social por el sólo hecho de pertenecer a la intrigante reunión masónica. Escribo con diversión y desde la ignorancia. Pero, o mucho me equivoco, o en dos recientes comparecencias públicas, Zapatero y Pepiño Blanco tomaron por unos segundos con sus manos derechas los lóbulos de sus orejas izquierdas. De tal modo, que he comprendido al fin por qué surgieron tan de repente en los altos espacios del Partido Socialista, y uno ha llegado a Presidente del Gobierno y el otro a portavoz del Partido. De otra forma, se me antoja imposible el precipitado ascenso de ambos. Y hoy he soñado con los dos, que se me han aparecido en mis sueños vestidos con un mandil, y puedo asegurarles que aún no me he repuesto de la pesadilla. De ahí que ruegue públicamente a mis queridos y admirados César Vidal y Paloma Gómez-Borrero que hagan lo posible para sacarme de este embrollo anímico que me atormenta. Porque sólo si son masones a la antigua usanza y se sienten apoyados por Mefistófeles, puedo interpretar lo que está sucediendo en España. Y si la información es positiva, no pararé de agarrarme el lóbulo de mi oreja izquierda hasta que me ofrezcan un cargo de acuerdo con mi categoría. Que por ahora, nada de nada.

La Razón, 23 de mayo de 2006

En los toros no hay barítonos

Entre los grandes toreros de hoy no hay barítonos. Se ha perdido en los ruedos el arte de llamar al toro, de provocarlo con la voz para que embista con más prontitud. Los toreros actuales, casi todos, tienen unas vocecillas débiles y agudas que no incitan ni molestan a los toros. Luis Miguel era barítono, como su cuñado Antonio Ordóñez, el más grande de todos. Antonio en los medios provocaba la arrancada del toro con un golpe seco de voz macha y rotunda. Antonio Chenel, Antoñete, tenía la voz carrasposa y antigua, más de cercanía, pero machorra. Y Domingo Ortega, de conferenciante de tronío. La voz más fea de la intelectualidad era la de don José Ortega y Gasset, que sonaba a pito. A don José Ortega lo llevaron una noche a un tablao flamenco. Es sabido que los bailaores y guitarristas se jalean entre ellos para darle más alma a la cosa. Así que uno de los palmeros, ante el escorzo gitanero y taconeado de un bailaor, no pudo reprimir un «¡Viva el talento!» de emoción y ánimo. Entonces don José Ortega se incorporó de su silla y agradeció el piropo. «Muchas gracias.» Y se quedó tan contento.

Paco Camino, el grandísimo maestro de Camas maltratado en Sevilla, tenía voz de mando. Tuve un sargento en la Mili que mandaba que nos pusiéramos en posición de firmes y no lo conseguía. No le oíamos. Se enfadaba mucho con los soldados, cuando tenía que hacerlo con su voz, que no daba de sí. El torero no domina al toro sólo con las muñecas, el arte y la sabiduría. Lo hace también con la voz. Un «¡Iejje!» barítono enfurece y mosquea más al toro que un «¡je, je!» afónico, piano y agudo. También eran barítonos Antonio Bienvenida y Santiago Martín el Viti, si bien el segundo no llamaba con alegría al toro, que ésa es otra. Al toro no se le llama porque sí, sino por necesidad de provocación. La voz impone y altera más que esos feos toques con la punta del estoque en la cara del toro que usan los débiles tenores para conseguir la embestida. Un toro que no repite, un toro tardo en reaccionar, se mueve antes con la voz que con el pisotón en el albero o el temblor de la muleta.

Años llevo observando esta curiosa ausencia en nuestras plazas. Se han acabado los barítonos en el arte del toreo. El tenor es el rey en la ópera, pero no en el ruedo. Alguien muy inteligente y divertido dijo que la ópera es una cosa en la que el tenor se quiere acostar con la soprano y el barítono no les deja. Pero los toros no van a la ópera, aunque en ocasiones lo parezca. Una ópera sin tenor es como una orquesta sinfónica sin violines. Y un toro sin el susto imperativo de la voz dominante es menos impetuoso. El toro está enfadado en el ruedo. No entiende lo que le sucede. Pasa del silencio prodigioso de la dehesa al bullicio de un círculo que no conoce. Su desorientación se centra en los movimientos y en las voces. Esa voz que le altera y se oye a lo lejos para que acuda. Aquellas voces que se oían y silenciaban las gradas cuando los grandes toreros eran barítonos.

La Razón, *26 de mayo de 2006*

Impostoras

Las pelmazas subvencionadas no han movido un dedo en treinta años a favor de las víctimas del terrorismo. Tampoco en treinta años se les ha ocurrido lucir pegatina alguna contra la ETA. No ya en San Sebastián, durante el Festival de Cine, sino en ningún lugar o acto público. Las pelmazas subvencionadas con el dinero de nuestros impuestos necesitaban una foto para seguir en el candelabro, que ahí acertó Sofía Mazagatos, porque el candelabro es lo mismo que el candelero. Y con ese esnobismo impostor y retroprogresista que las mueve, han montado un grupete que todos los días 24 de cada mes se concentrará en solidaridad del «proceso de paz» con ETA y para que el diálogo con los terroristas sea «generoso y sin prejuicios». Estas plomos lo que tienen es mucho morro. Con Pilar Bardem, la inevitable a la cabeza, ora con la baronesa, ora con el proceso de paz, ora con su niño en Hollywood, ora con sus subvenciones, allí estarán supuestamente Ana Belén, Charo López, y unas cuantas comediantas más repartiendo rosas blancas a los transeúntes. Y escribo que supuestamente, porque oliéndose la tostada, ni Pilar Bardem, ni Charo López, ni Ana Belén han acudido a la primera concentración, con más policías antidisturbios que manifestantes y con una ciudadanía que les ha dicho todo lo oíble y por oír, harta de sus imposturas. Las lisístratas de saldo, estas juanillas de arco que prenden fuego a su heroísmo con un Dupont de oro macizo, están a favor de la generosidad con los terroristas. No les recomiendo que sigan la farsa. Ayer, la buena gente de la calle les dijo de todo, pero un día, cualquier víctima del terrorismo, o el familiar de un asesinado o un herido, pueden reaccionar de forma diferente ante el cinismo de las pelmazas. Si ya han conseguido la foto de la reunión fundacional, que se den por satisfechas. Conchita Martín, viuda de Pedro Antonio Blanco, el primer asesinado por la ETA después de la última y falsa tregua, ha invitado a las infumables a repartir rosas en las manifestaciones de Batasuna, que es una forma elegante de mandarlas a todas a freír espárragos.

Viven —las impostoras— en una burbuja de cristal que les impide conocer lo que se piensa y se dice de ellas. Ahí radica, quizá, la única ventaja de esta nueva campaña. Se van a enterar de lo que significan para las gentes de la calle. Algunas, las más listas, lo saben y por ello no acuden a las concentraciones que convocan. Además, que Pilar Bardem ya le ha cogido el gustirrinín a la aristocracia con los árboles de la baronesa. Pero me pongo en el lugar de Irene Villa, o en el de su madre, o en el de las madres de los niños asesinados por la ETA, o en el de las hermanas de Gregorio Ordóñez, o Miguel Ángel Blanco, o de Joseba Pagazaurtundúa, y me topo con estas farsantes pidiendo «diálogo sin prejuicios y generosidad con los etarras», y mucho dudo de que pudiera contener la indignación. Si han estado mudas mientras la ETA ha asesinado a mil inocentes, que no hablen ahora. Esas rosas que ofrecen están podridas. Son tan falsas como ellas.

La Razón, *28 de mayo de 2006*

Un proscrito

Mientras la ministra de Cultura convierte la Feria del Libro en un foro improvisado de cotilleo morboso, se cumple, sin que ella haya querido enterarse, el centenario del nacimiento de Agustín de Foxá, escritor portentoso proscrito por la cultureta dicha de Izquierdas. Foxá era desigual y anárquico. Su último antólogo, el poeta Luis Alberto de Cuenca, también enamorado de su prodigioso poema a la muerte «La Melancolía de Desaparecer», concede a la poesía de Foxá un vigor oral por encima del escrito, por su caprichosa forma de rimar y atormentar a la métrica. Tiene Foxá poemas excepcionales y malos, como todos. Pero no se detiene ahí. Su novela *Madrid de corte a checa* es, desde el lado de los vencedores en la Guerra Civil, la mejor de cuantas se han escrito durante la barbaridad de 1936. Retrato fabuloso del anochecer del reinado de Alfonso XIII, de la República ilusionada, del desmoronamiento del nuevo sistema, del estúpido y sangriento Frente Popular y del primer año de la Guerra Civil. Y triunfa en el Teatro con *Cui-Pin-Sing*, donde alcanza, entre alguna cursilería, alturas poéticas envidiables. Sus artículos de prensa, casi todos publicados en *ABC*, son lecciones de talento en una prosa fluida y rica. Foxá era de Derechas. «Soy conde, soy rico, soy gordo y soy diplomático, ¿cómo no voy a ser de derechas?» Formó parte de la que Mónica y Pablo Carbajosa han bautizado en su estupendo estudio «La Corte Literaria de José Antonio», y fue uno de los autores de la letra del *Cara al Sol*, junto al marqués de Bolarque, José María Alfaro y el propio Primo de Rivera, adaptando su texto a la música del maestro Tellería. Y en su carrera diplomática, Foxá fue un incordio para el Régimen y un revolucionario de la libertad. A pesar de su pasado unido al falangismo culto, Agustín de Foxá era un descreído, un escéptico y un irónico desastrado. Escribió feroces poemas satíricos contra el sistema franquista y alguno de sus principales protagonistas, como Ramón Serrano Súñer. Le arreó de lo lindo a Celia Gámez, ahijada en España del general Millán-Astray, fundador de la Legión, desde un soneto demoledor que hoy nadie se atrevería a escribir. «Tú que naciste en las porteñas hampas / y del amor conoces los oficios, / Oh, vieja zorra de las anchas pampas / que enamoras marqueses pontificios. / Tú, que cantas esos tangos con ojeras / repletos de memeces argentinas, / y hablando con duquesas tortilleras / confundes las Meninas con mininas. / Los prognatas toreros que complicas / por ti se tornan en babosos toros. / Vas al flamenco con señoras ricas, / y estrenas obras con cretinos coros / escritas para ti, por los maricas / que sueñan con los culos de los moros.» Maestro del epigrama, de la herida sonriente y breve. Así, al actor Juan Espantaleón, que bebía cinco litros de agua cada día y se veía obligado a visitar el cuarto de baño de continuo. En un homenaje que se le brindó en el hotel Gran Vía, tuvo que interrumpir en dos ocasiones su discurso de agradecimiento por imperativos del desagüe. Y Foxá le escribió: «Espantaleón / meando no es manco. / Tiene una minina / con una turbina / que de conocerla / la inaugura Franco.» Y a Foxá se le atribuye el bello epitafio escrito en honor de un conocido marqués fallecido algo pedorro y miramelindo: «Dejó este mundo de abrojos / al fin el señor marqués. / El marqués cerró los ojos. / Los tres.»

Pero la importancia de Foxá está en su Poesía y en el Teatro, sin olvidar su insuperable novela *Madrid de corte a checa*. Monárquico nostálgico y estético. Añoraba de la Monarquía las imágenes y acuarelas de su memoria, que resume en sencillos y bellos octosílabos cuando muere Alfonso XIII en el exilio de Roma. «En el cuarto de un hotel / está muerto el Rey de España, / con el manto de la Virgen / y la Cruz de Calatrava.» Envejeció pronto y declinó a toda prisa, como si su organismo respondiera al amor que entristeció su alma. Murió joven, con cincuenta y tres años, pero su aspecto aparentaba una devastación más antigua. Vivió los últimos meses de la mano del desaliño, del descreimiento, de la distancia, del enfisema pulmonar y de la brillantez en la agonía. Y joven aún, se topó con el más bello de sus poemas, «La Melancolía de Desaparecer». «Y pensar que después que yo me muera / aún surgirán mañanas luminosas, / que bajo un cielo azul, la primavera, / indiferente a mi mansión postrera, / encarnará en la seda de las rosas. / Y pensar que desnuda, azul, lasciva, / sobre mis huesos danzará la vida, / y que habrá nuevos cielos de escarlata, / bañados por la luz del sol poniente, / y noches llenas, de esa luz de plata, / que inundaba mi vieja serenata, / cuando aún cantaba Dios bajo mi frente. / Y pensar que no puedo en mi egoísmo, / llevarme al sol ni al cielo en mi mortaja. / Que he de marchar yo solo hacia el abismo, / y que la luna brillará lo mismo / y ya no la veré desde mi caja.»

En honor de un genio español proscrito por los necios.

La Razón, *31 de mayo de 2006*

No puede ser

Escribía días atrás de la farsa de las rosas blancas que ha promovido un grupo de supuestas actrices encabezadas por Pilar Bardem, Aitana Sánchez-Gijón y Ana Belén. Son buenísimas y quieren la paz. En treinta años no se han acercado a ninguna víctima del terrorismo. Es decir, que son buenísimas pero muy suyas. Pero lo ocurrido el pasado lunes supera toda la miseria acumulada por las pancarteras de la subvención. Celebraba la Unión de Actores su reunión anual, para darse entre ellos los premiecitos de rigor. Ellos y su burbuja. De ahí no salen. Antes se les decía «cómicos», y no le faltaba razón a la denominación. Ahora se cuelgan lo de «actores» y «actrices», que suena muy bien pero a la mayoría no les corresponde porque son muy malos. Así les va en las taquillas. Han inventado una nueva cursilería. Ya no hablan del reparto, sino del «elenco actoral». «Es una película con un gran elenco actoral», y se quedan encantados. Después les falla el «elenco social» o el «elenco taquillero», pero no les importa en demasía. Llaman a la puerta que guarda los dineros públicos y siguen tirando. Pero me estoy marchando de mi repulsión.

Invitaron los de la Unión de Actores a Jone Goricelaya. ¿Saben ustedes quién es Jone Goricelaya? Una de las más duras e inflexibles dirigentes de Batasuna, abogada de decenas de asesinos y encubridora de terroristas. Los que asistieron al acto aplaudieron emocionados, cuando las chicas y no tan chicas de la Unión de Actores le entregaron a Jone Goricelaya la rosa blanca de la paz. Ella reía. Mejor escrito, se reía de todas esas tontas que no han sufrido ni se han visto rozadas jamás por la bárbara crueldad del terrorismo que Jone Goricelaya defiende.

Jone sabe también actuar, y lo hace mejor que las actrices que le entregan rosas blancas y los actores que aplauden a las presumibles actrices. Jone fue bailarina en su juventud, y aún le queda la fibra de la danza, que sólo ofrece para bailar en los homenajes a los etarras. Por lo menos sabe bailar, y de esta repugnante farsa es la que menos culpa tiene. Le han dado la rosa y ella la ha aceptado. Con esa acción, las actrices del retroprogresismo subvencionado han conseguido para el futuro lo que han tenido siempre. Inmunidad. Podrían haber reunido mil flores blancas y haberse dividido entre todos los cementerios de España para depositar sobre las tumbas de los inocentes asesinados por los amigos de Jone Goricelaya una rosa en cada sepulcro. Pero es mucho el trabajo y ninguno el rendimiento. Mucho más fácil entregarle la rosa a la defensora de los que matan que a los huesos de los que han muerto. Se ha cubierto de gloria la Unión de Actores.

Espero, en los próximos días, la relación de actores y actrices que se dan de baja de esa Unión miserable en protesta por la rosa blanca entregada a Jone Goricelaya. No sé, Juan Diego, Concha Velasco, Guillermo Toledo, Charo López... Alguno habrá que se avergüence públicamente. Parte de las subvenciones que reciben viene de las familias de los asesinados. Por educación, digo yo.

La Razón, *4 de junio de 2006*

Jaime Campmany

En unos días se cumple el primer aniversario del sereno paseo de Jaime Campmany hacia las nubes. Entiendo que este artículo va a entristecer a Conchita, que aún no se ha acostumbrado a la ausencia de Jaime. Son días malos y de recuerdos. Ahora le conceden la medalla de oro de Murcia, y otros galardones que no le dieron en vida. España es así, y así la queremos y la quiso Jaime. Lo que no van a darle es el sillón de la Real Academia Española que le escondieron con envidia y maledicencia. La memoria jamás ha sido elegida para sentarse en la Docta Casa de la palabra. Claro, que a punto estuvo de marcharse Paco Umbral de este mundo —hoy, por fortuna, totalmente recuperado— sin el reconocimiento de quienes se han enriquecido con su lenguaje. A tiempo están de hacerlo, pero mucho lo dudo.

Jaime se escapó de golpe, en unas horas desvencijadas y traidoras. Antes de irse, mandó su último artículo al *ABC*. Él y Antonio Mingote, sin olvidar a otros que hoy quieren cambiar de aires y desaires, mantenían el prestigio intelectual y el resumen del talento del que fuera el periódico liberal y culto por definición. Lo malo se junta con lo bueno, y creo que a Jaime no le hubiera divertido ser partícipe de una incomprensible decadencia. Jaime era blanco o negro, nunca gris. Duro o sonriente, jamás ambiguo. Siempre formidable en la soledad tremenda de la columna diaria.

Su hija Laura, que es una escritora excepcional, nos trae de cuando en cuando la belleza del estilo de su padre. Cuando no lo hace, nos regala el suyo, también alto y profundo, lleno de garbo y donaire, de emoción y vida. Eso tiene que consolar a Conchita. Saberse madre de una hija que ha heredado, además del orgullo de caballo desbocado de Jaime, el alarde literario paterno.

Mucho calor hacía cuando supe de la muerte inesperada de Jaime Campmany. En unos días, le esperaba la quietud y el aburrimiento azul y verde de su largo Maggiore, el del pecado de los dioses, las mitades de las mariposas y los abrazos del agua. Para mí, que ser obligado a marcharse cuando el verano estalla es una impertinencia de quien lo decide. Para eso está el otoño, con los árboles vencidos y los ocres y sienas levantados. Jaime tenía mucha parte de su alma entregada a ese lago distante de su amadísima Italia. Novelas y romances, licores y ocasos, hijos, nietos y amigos reunidos en torno a su vocación de padrino y patriarca.

Estoy en su memoria, no en el análisis de su extraordinaria herencia literaria. Jaime era tan amplio como bronco, tan noble como duro, tan generoso como distante. Le dolía el rencor ajeno, porque no conocía el propio. Le escupieron toda suerte de falacias pasadas los mismos que compartieron unos años difíciles de libertad vencida que en su caso fue una libertad triunfante, recuperada, amada y respetada hasta las últimas consecuencias. Y Jaime era condescendiente, cachondo, relajado, más largo que una recta de Castilla y más cercano que un tiesto de barro, rebosado de flores, de un patio cualquiera de su rincón mediterráneo. Nunca pudo dominar, en su brillantez hablada, el enigma de los plurales. Les pasa a muchos de los que nacen entre la Murcia fenicia y la Huelva atlántica. O decía «los árbole» o «lo árboles», pero nunca «los árboles», perfección que le aburría. Su generosidad, una de sus más altas cualidades, no tenía límites. A todos quería y amparaba. Mis hijos, que siempre quisieron a «tío Jaime» y «tía Conchita», pueden dar testimonio de su desprendimiento, de su cariño regalado, de su abrazo sin reservas.

Y también tenía muy mala leche, y un verbo tronante, y una capacidad de crítica insuperable, y una memoria de elefante de Kenya, que según los entendidos, es el elefante más memorioso de cuantos existen. Pero un corazón, es decir, un ánimo, abierto e inabarcable, solamente vencido por la resistencia de su timidez. Que una cosa es sentir y otra muy diferente demostrarlo. Un día que lo intuí emocionado se lo solté: —Pareces una folclórica—. Y después de soltárselo él me soltó lo suyo: —Y tú eres un cabrón con pintas—.

Sucede que echo de menos a Jaime, que siempre estaba ahí, esperando que sus amigos supiéramos que estaba. Con Antonio Mingote fui a despedirle. Hasta la muerte le respetó su gesto inteligente. Hoy le escribo para que no me lea, que él anda en otros quehaceres. Pero quiero regalarle a Conchita, su mujer y su alma, estas palabras sentidas, ya de oro viejo, y a Bea, y a Laura y a Emilio, y a sus nietos, con las lágrimas del amigo que a duras penas sabe entregar una elegía.

La Razón, *11 de junio de 2006*

Pueblerino

El cantante catalán volvió a Barcelona después de una exitosa gira por el resto de España y alguna nación de Europa. Le sorprendió la pregunta recurrente de sus paisanos. —¿Y cantaste en catalán?—. No les importaba su éxito o su fracaso. Sólo si había cantado en catalán. Algo falla en esa «nació» con vocación de aldea. Ahora Maragall, al que se le ha puesto cara de pueblo de la España de principios del siglo XX, ha declarado que para ser presidente de la Generalidad de Cataluña hay que nacer catalán. Le dedica el caramelo paleto a Montilla, que es de Córdoba. Para mí, que lo único que podría impedir que Montilla fuera presidente de la Generalidad no es su lugar de nacimiento, sino su incompetencia demostrada. Pero el argumento de Maragall es el origen del catalán cordobés o cordobés catalán, que tanto monta el uno como el otro. Burbuja cerrada, racismo ramplón y aldea con pretensiones.

El cántabro Joaquín Leguina, de Guarnizo, paisano de Gento, fue presidente de la Comunidad de Madrid. Nadie tuvo en cuenta su lugar de nacimiento. Y el anterior alcalde de la capital del Reino, o de la Villa y Corte, o del Foro, o de Madrid, José María Álvarez del Manzano, lo fue por mayoría absoluta en repetidas ocasiones siendo sevillano. Y ha sido un gran alcalde de Madrid, como el actual, Alberto Ruiz-Gallardón, que sí ha nacido madrileño, igual que la presidenta de la Comunidad, Esperanza Aguirre, que es de Chamberí. Pero no son alcalde y presidenta por nacer madrileños, sino a causa de la confianza mayoritaria de los ciudadanos de Madrid, que son todos —sin excepción—, los que en Madrid viven y trabajan, nacidos o llegados, blancos o negros, autóctonos o emigrantes, ya sean de otras regiones de España —hay muchos catalanes madrileños—, o de naciones lejanas. Nadie en Madrid pregunta los orígenes, porque se considera una falta de consideración. Madrid es de todos, y a nadie le extrañaría que en un futuro, su presidente o su alcalde tuvieran raíces colombianas, o ecuatorianas, o rumanas, o yugoslavas.

Un inciso. Me preocupan las discrepancias en público de la presidenta y el alcalde. Cada uno es como es y su partido admite la libertad de pensamiento en un amplio espacio, que vuela desde el conservadurismo canovista a la socialdemocracia, pasando por el liberalismo. Y un segundo inciso. Soy amigo y colaboro con Federico Jiménez Losantos, y ya le he manifestado repetidas veces mi desacuerdo con su tratamiento al Rey y a la Corona. Admiro su inteligencia y su brío, y me consta su buena intención en poner las cosas en su sitio. Pero creo que ha sido injusto con Gallardón. Alberto Ruiz-Gallardón —de quien recelo en muchas ocasiones y actitudes— ha estado con las víctimas del terrorismo, incondicional y emocionalmente siempre, con constancia y sin lagunas. Y también creo que esto se arregla con una charla, unas explicaciones, una disculpa, un perdón y un abrazo.

Me reintegro a la aldea de Maragall, que paradójicamente es una de las ciudades más grandiosas y cultas

—antes abierta— de España y de Europa. No se puede ser tan paleto habiendo nacido en Barcelona, si bien la burbuja hermética del nacionalismo y la mansedumbre de los medios de comunicación catalanes han encapsulado el europeísmo de la gran ciudad. Ya lo advirtió Josep Pla, y así me lo dijo Jaime Gil de Biedma, tío de Esperanza Aguirre y de mi señora esposa, mientras comíamos en La Rabia comillana un agosto no lejano a su fin. —¿Cómo no voy a ser pueblerino si vivo en Barcelona?—. ¿Le arrebatarán a Jaime Gil de Biedma su condición de poeta catalán por su noble origen segoviano?

Los nacionalismos —y Maragall, antes que socialista es nacionalista— llevan a la destrucción ética y moral. Semanas atrás, un animal del nacionalismo vasco afirmó que quien no era nacionalista no tiene derecho a vivir. Ni Himmler se atrevió a tanto. Y ahora, en un grado menor y ridículamente paleto, nos llega Maragall para decirnos que un cordobés emigrado a Cataluña cuando era niño no puede ser presidente de la Generalidad. Le fallan los papeles y la denominación de origen. A Montilla le fallan muchas cosas, y lamentaría por Cataluña que fuera en un futuro su Muy Honorable presidente, si bien no más de lo que lamento ahora que lo sea Maragall. Pero si así lo quieren los catalanes —que últimamente quieren cosas muy raras—, Maragall no es nadie para impedirlo con mensajes xenófobos y aldeanos. Además, que Montilla es tan nacionalista como Maragall o más.

Que a eso hemos llegado. Se inaugura un gran rascacielos en Barcelona y Maragall, en lugar de elogiar su belleza y armonía, le pregunta al arquitecto. —Oiga, ¿y los aparejadores hablaban con los albañiles en catalán?—.

Paleto.

La Razón, *13 de junio de 2006*

Las hermanas

Estuve en la concentración del sábado, como era mi obligación como español demócrata y defensor de la dignidad del Estado de Derecho. Un millón de personas. Fue la cuarta manifestación convocada por las víctimas del terrorismo desde que el soñador del mapa desgajado de España nos desgobierna. Un millón de personas educadas, preocupadas e indignadas, pero medidas en sus expresiones. Y me emocionaron todos los que hablaron desde su dolor, sin rencores ni venganzas, instalados en la exigencia de la Justicia. Y dos de ellas, especialmente. Las hermanas María del Mar Blanco, hermana de Miguel Ángel Blanco, el concejal de Ermua secuestrado y salvajemente asesinado por los interlocutores actuales del Gobierno de España, y Teresa Jiménez Becerril, la hermana del concejal de Sevilla Alberto Jiménez-Becerril, masacrado junto a su mujer Ascensión por los interlocutores actuales del Gobierno de España. Cuando las mujeres rompen a hablar desde el corazón son mucho más valientes, claras y directas que los hombres.

Palabras como luces, palabras como losas. Pronunciadas con una serenidad dominante y consoladora. Eran ellas, las hermanas de los inocentes asesinados, las que nos hablaban de Justicia, del Estado de Derecho, de la convivencia y de la libertad. ¿Qué paz es esa que se somete a los chantajes de los únicos que matan? Porque en España sólo ha existido en los últimos treinta y cinco años un bando en una guerra inventada. La guerra la hacen dos, y se puede firmar la paz. Pero una guerra entre el terrorismo y la sociedad pacífica no admite la paz porque previamente no ha tenido lugar la guerra. Sí el asesinato, la herida, el secuestro, el chantaje y la coacción. Y se preguntaban, mientras el millón de personas que las oíamos nos lo preguntábamos a nosotros mismos sin saber respondernos. ¿Qué precio vamos a pagar los españoles por esa «paz»? ¿El silencio de la ETA en las oscuridades del 11 de marzo? ¿La ruptura de España? ¿La entrega de Navarra? ¿La amnistía a los asesinos? ¿El perdón social a los terroristas? ¿La humillación de la Justicia?

El Fiscal no quiere que se actúe contra Batasuna. Pero en un insignificante proceso recientemente visto, sí actúa contra mí. Rubalcaba pide a la Fiscalía rigor y dureza contra los infractores de Tráfico. Pero no contra los asesinos de mil inocentes. ¿Ésa es la paz? Menos mal que la voz de dos mujeres admirables nos recordó que no podemos seguir perteneciendo a una sociedad mansa y apesadumbrada. Que la razón triunfa siempre, a la larga, contra la perversidad. Nos lo dijeron esas mujeres con dos acentos diferentes. El seco y profundo de los valles del norte desde la voz de María del Mar Blanco, y el musical y triste de una sevillana segura de su sentido de la Justicia. El roble y el jacarandá abrazados por la incomprensión y la tristeza. Por la ignominia. Por las humillaciones sufridas y por las que vendrán. Por la traición a sus muertos. Por el desaire a sus tragedias. Pero con hermanas como éstas nunca nos daremos por vencidos.

La Razón, *18 de junio de 2006*

Rae-prisa

Es un sabio, pero está entregado. Muy pocos han sabido conocer e interpretar a San Juan de la Cruz como el actual director de la Real Academia Española, Víctor García de la Concha. Algunos le dicen ya Víctor García de Polanco. El poder omnímodo del grupo dirigido por el inteligente empresario montañés se ha adueñado de la Real Academia Española. García de la Concha no ha sido el hacedor del regalo, sino el sucesor de la entrega. Todo principió con Fernando Lázaro Carreter, el melifluo y valioso director anterior. Encontró el éxito al final con sus libritos de las palabras, una especie de «Comisaría de papel» de Evaristo Acevedo con más pretensiones y menos gracia. Cuando Fernando Lázaro Carreter hizo sus pinitos teatrales fue objeto de la más resumida y divertida crítica por parte del gran poeta satírico Juan Pérez-Creus, también «Maese Pérez» y «Pájaro Pinto». Juanito Pérez-Creus, como persona, era un pelma, pero dominaba el donaire del epigrama: «Cristo a Lázaro, en buena hora / lo levantó en un instante. / A este Lázaro de ahora / no hay Cristo que lo levante.» Pero su etapa en la dirección de la Real Academia Española coincidió con su modernización y puesta al día. Había publicado Francisco Umbral su *Leyenda del césar visionario*, para mí, junto al *Madrid de corte a checa* de Agustín de Foxá, la mejor novela de la Guerra Civil. La de Agustín vencedora y la de Paco derrotada. No salían bien parados en la novela de Umbral los azules tibios, como Lázaro Carreter. Y éste se vengó maniobrando contra Umbral para que no ingresara en la Academia. Lo hizo José Luis Sampedro, que con todos mis respetos, es poca cosa en la Literatura comparado con el madrileño de Pucela. Lázaro Carreter consiguió vetar a Umbral en la Real Academia, pero no pudo impedir que le fueran concedidos los premios Cervantes y Príncipe de Asturias. Miserias de los hombres que no pueden ser miserables.

Anson fue elegido en primera votación por mayoría clamorosa. Pero en la misma sesión, para compensar y por los pelos, eligieron también a Juan Luis Cebrián, un gran periodista y malísimo escritor. Orden cumplida por Lázaro Carreter. En el Grupo Prisa hay buenos escritores, pero la orden polanquiana era clara. «Si entra Anson, que lo haga Cebrián.» El «Epigramista Desconocido» glosó la chapuza. «Para compensar la entrada / en la Academia de Anson, / le solicitó a Polanco / real audiencia el Director. / —Deseamos que *El País* / tenga también su sillón—. / —Podría ser Haro Tecglen— / y Polanco gritó —¡No!; / —Manuel Vicent sería un digno / académico—, insistió / Carreter con voz muy queda / por no turbar al Señor. / Fue entonces cuando Polanco / firme y enérgico habló: / —De *El País*, Cebrián tan sólo / puede ocupar el sillón—. / —Pero es que Cebrián ha escrito / poco y de escaso valor—, / comentó con los cojones / de corbata el Director. / —En la Real Academia / ingresa el que diga yo, / y yo digo que Cebrián / les guste a ustedes o no—. / Y en la Real Academia / Juan Luis Cebrián ingresó.»

Jaime Campmany, ya con Víctor García de la Concha en la dirección de la RAE, fue arteramente engañado. Le hicieron ver que no saldría elegido en la pugna por el sillón con Caballero Bonald. Que más adelante lo tendría hecho. Caballero Bonald se presentó en solitario, y no salió elegido, lo que supuso un bochorno de difícil superación. De haberse presentado Jaime Campmany su elección se hubiese producido. Pero no era de los suyos, «no es de los nuestros», y además fue falangista. Menos que el padre de Cebrián, dicho sea de paso. Pero las maniobras no ceden. Ahí sigue Francisco Umbral sin sillón, ya irremediablemente apartado de los planes políticos de la RAE, cuando me soplan que le están preparando el ingreso a Javier Marías. ¿Por méritos propios, por ser hijo de don Julián o porque es autor del Grupo Prisa? La tercera pregunta es la más ajustada y la tercera respuesta la única que sostiene sus méritos para ser elegido.

El próximo paso, ya con el noventa por ciento de asalariados o colaboradores de Prisa en la Real Academia, será eliminar a Espasa Calpe como editora del *Diccionario de la Lengua Española* y encargar la edición a una cualquiera de las empresas editoriales del grupo del pensamiento único. Y como colofón, en un par de años, la elección como académica de Maruja Torres. No se lo tomen a broma. Las cosas no son así si así nos parecen, juego Pirandelliano. Las cosas son así porque no pueden ser de otra manera. Y el que manda, manda, y el que obedece, obedece.

La Razón, *21 de junio de 2006*

Censuritas

Cuenta Paco Umbral que siendo Horacio Sáez Guerrero director de *La Vanguardia*, que por aquellos tiempos se decía «Española», le sometió a una pequeña censura en uno de sus artículos. Escribió Umbral «Una Mirinda para tres», y Horacio se lo cambió por «Un refresco espumoso para tres», amparándose en la publicidad. La censurita es más divertida que la censura, que de divertida no tenía nada. A mí me sucedió en el *Ya*, periódico en el que escribía unas crónicas parlamentarias estupendas sin acudir al Parlamento. El *Ya* era de la Iglesia, y la mitad de sus páginas estaban ocupadas por anuncios por palabras. Escribí, después de la hecatombe electoral de la UCD en 1982, una hermosa elegía al trasero de Soledad Becerril, que era la ministra de Cultura. La despedida de ese trasero del escaño del banco azul ministerial del Congreso, que lloraba de tristeza pensando en el culo que se le venía encima, y que fue —si la memoria no me falla— el de Javier Solana. Y decía, más o menos, que «el escaño lloró cuando vio que se le iba el culo de Soledad». Al día siguiente, comprobé con estupor que me habían censurado la palabra «culo» sustituyéndola por un ridículo «pompis». Llamé al director del *Ya* para hacerle ver que los seres humanos, lo mismo los hombres que las mujeres, tenemos un culo y no un «pompis», y que por su celosa culpa, mi ridículo había alcanzado cotas inalcanzables. En vista de ello intenté colársela en otra columna, sin éxito. Había jugado el Real Madrid un partido de la Copa de Europa, y los escaños de Sus Señorías permanecieron vacíos durante el trascendental encuentro futbolístico. El árbitro, un alemán muy suyo, tocaba el pito con una energía admirable, y escribí la vulgaridad facilona: «No he visto en mi vida tocar tan bien el pito como lo hace este alemán.» Al día siguiente, mi gozo en un pozo. El director, que ya no se fiaba de mi pulcritud literaria, había amañado la oración de esta guisa: «No he visto en mi vida hacer sonar el silbato como hace este alemán.» Duró poco, y el Grupo Correo compró el *Ya* para acabar con el viejo diario de la Iglesia. Puso en la dirección a Miguel Larrea y aquello se fue al garete en pocos meses. Años después le dediqué un epigrama: «Ha tiempo que no lo veo. / ¿Dónde está Miguel Larrea / que anda siempre de trajín? / Pues un día en *El Correo* / el otro en Ajuria-Enea / y el otro en Villacastín.»

Me contaba mi gran amigo Eugenio Suárez, que fue el editor y propietario de *Sábado Gráfico* y *El Caso*, que la censurita en su semanario de crímenes y delitos constaba de añadidos más que de tijeras. Así que una semana de escasa truculencia social fue encontrado en un inmueble de dudosa moral el cadáver de un hombre. Y que los encargados de la Censura oficial le pidieron que añadiera algún dato escabroso al hallazgo para aleccionar moralmente a los lectores. Entonces Eugenio se inventó la situación y escribió que «el cadáver se hallaba cubierto de revistas extranjeras pornográficas», y tuvo mucho éxito el reportaje. Escribo de estas cosas porque nada me aburre más que el Estatuto catalán y el hijo de puta de «Txapote», el asesino de Miguel Ángel Blanco.

La Razón, *28 de junio de 2006*

Con caballos

Zapatero anunciará hoy que comienza el diálogo con la ETA y Batasuna, que es lo mismo. Ayer, el encantador Otegui dijo que el proceso que se inicia no es de pacificación sino de autodeterminación. En resumen, que Zapatero principia hoy el proceso de la rendición de un Estado de Derecho vencido por el terrorismo. Anteayer, dos ejemplares de pura raza etarra se liaron a coces contra el cristal blindado de una sala de la Audiencia Nacional. Me disponía a escribir que Zapatero ha principiado una negociación humillada con una manada de caballos salvajes, pero siento un gran respeto por los caballos. Y por las mulas y por los burros. Lo cierto es que desde que vi de joven cómo el caballo de pura sangre inglesa *Roque Nublo*, de la cuadra del marqués de la Florida, tumbaba de una coz a un aficionado en el *paddock* del hipódromo de La Zarzuela, no había vuelto a ver coces tan precisas y ágiles como las que propinaron los dos pencos etarras al cristal de la sala de la Audiencia. Una cosa es una patada y otra muy diferente una coz. La patada puede darse en cualquier circunstancia y no se requiere una agilidad excesiva. Para cocear hay que ser muy equino, y los etarras Goztón Aramburu y Jesús María Echeverría demostraron poseer muy potentes genes caballares. Cerca de San Sebastián nacían y se criaban muy buenos caballos de carreras, en Lore-Toki y Arizabalo. Pero no me encajan estos jamelgos con los bellos potros que corrían por las praderas esplendorosas de esos predios guipuzcoanos. Aramburu y Echeverría me recuerdan más a matalones de caserío, entre percherones y chalates, rocinos de obediencia con ataques de malas pulgas. Mejores coces las de Aramburu que las de Echeverría, más sonoras y muelles en la contracción inicial de la ancas. En cualquier caso, espectaculares y muy aleccionadoras para quienes se dispongan a sentarse en una mesa con ejemplares de la misma especie. Con una coz como las de Aramburu, tumban a Pachi López, a Pepiño Blanco y Rubalcaba al unísono.

Propongo como lugar de la negociación las viejas caballerizas de la Sociedad Hípica de Loyola, inmediatas al cuartel que recuerda a los donostiarras que aquello todavía es España. Una gran Bandera en lo alto de un mástil lo certifica. Por las cuadras del cuartel de Loyola han pasado toda clase de caballos, y se sentirían muy a gusto entre sus lechos de paja estercolada. Lo que no se puede hacer es abrir los salones a los caballos, porque los dejan hechos una pena.

El gran poeta de las marismas, Fernando Villalón, marqués de Miraflores de los Ángeles, ingresaba en el salón de su casa de Morón de la Frontera montado sobre su caballo y con garrocha si se terciaba. Desmontaba, le palmeaba en sus nalgas y el cartujano marismeño abandonaba obediente el salón de su jinete con una delicadeza primorosa. Pero era otro tipo de caballo, jaco de campos abiertos y sotos galopados. Estos que han pasado de la cuadra a la mesa de la negociación no ofrecen garantías. Y además, su jinete, Zapatero, está dispuesto a ponerse a sus pies porque le da miedo montarlos. A ver si le espabila una coz de las buenas.

La Razón, *2 de julio de 2006*

Buena mañana

Hoy, España, gracias a la Justicia que no al Gobierno, ha amanecido más limpia, como si todo su territorio hubiese sido desinfectado por un fresco e implacable viento del nordeste. Ignoro la edad que tienen los hijos de puta de «Txapote» e Iranzu Gallastegui Sodupe, los crueles y fríos asesinos de Miguel Ángel Blanco, pero salvo amnistías que ni Zapatero sería capaz de conceder, cuando ambos salgan de la cárcel serán dos guiñapos sin futuro alguno. No por la devastación física que procura una estancia de treinta años de completo cumplimiento entre rejas, sino por la autodestrucción que el asesino lleva a cabo consigo mismo cuando se siente dominado por la cobardía. Francisco Javier García Gaztelu, el «Txapote» ese, en su acción más heroica de *gudari* militante, fue capaz de descerrajar dos disparos en la nuca a un representante del pueblo secuestrado, torturado anímicamente y con las manos atadas a su espalda. Su compañera de heroicidad y de condena, al ver caer el cuerpo de Miguel Ángel Blanco, se puso cachonda, y de su coño de cianuro le brotaron ríos de sangre ajena.

Hoy, España, gracias a la Justicia que no al Gobierno,

que ha iniciado una negociación política con los compañeros criminales de los asesinos de Miguel Ángel Blanco —y de mil inocentes más, incluidos treinta niños, a ver si se enteran—, ha amanecido de mañana limpia y transparente. Hemos sabido los españoles que el gran chulo de la muerte, el que ha vivido gracias a ella, ha sido condenado a cincuenta años de prisión, de los que cumplirá treinta como mínimo, en otra cárcel que su compañera de vileza, también treinta años esperando que se abra la puerta para dar paso a la libertad a una sombra envejecida, nauseabunda y pocha. Con esos dos homínidos encerrados con una perspectiva de treinta años de condena —ni Zapatero, insisto, sería capaz de envilecernos más concediéndoles el perdón—, los españoles viviremos más tranquilos, gracias a la Justicia que no al Gobierno. Lo dice con claridad la sentencia: «Resulta difícil pensar en una forma de causar la muerte más alevosa que la ocasionada a una víctima que, tras más de 24 horas de doloroso cautiverio, se encuentra de espaldas, sujeto por uno de los miembros del comando, con las manos atadas, y a la que inopinadamente se le propinan dos disparos de arma de fuego en la cabeza.» (Sus compañeros terroristas están sentados ahora en la misma mesa que la vicepresidenta del Gobierno de España, y lo que es peor, que el presidente del Gobierno de España). Pero el texto de la sentencia de los magistrados que administran, interpretan y aplican las leyes continúa: «Es perfectamente imaginable el sufrimiento padecido por la víctima durante el cautiverio, donde permaneció siempre con las manos atadas, conociendo como seguramente conocía el breve plazo dado a su ejecución, y las exigencias absolutamente inasumibles que la organización terrorista había impuesto para su liberación.» (Hoy, a pesar de la buena mañana, sabemos que los que celebraron, brindaron y se abrazaron de alegría cuando fue descubierto, aún con un soplo de vida, lo que quedaba de Miguel Ángel Blanco, comparten mesa, mantel, copitas y papeles con el Gobierno de España.) La chulería de los criminales durante el juicio se incluye en la sentencia que recuerda la actitud de la pareja de hijos de la gran puta —esto es mío, no de la sentencia—, concluyendo que «fue de absoluta indiferencia y desprecio, no sólo hacia el tribunal, sino lo que es más importante, hacia los familiares de la víctima, ante los que se han mostrado desafiantes, sin el menor signo de compasión y arrepentimiento». (Hoy, nublando la buena mañana, los que organizaron, estudiaron y encomendaron el secuestro y asesinato de Miguel Ángel Blanco, se sientan en la misma mesa que destacados miembros del Gobierno de España entre risas y camaradería para alcanzar un acuerdo de «paz» en una guerra que sólo ha existido por parte de los terroristas.)

Es decir, que los familiares de Miguel Ángel Blanco y de los mil inocentes más asesinados por la ETA. Que los heridos en otros atentados. Que los hijos, padres y hermanos de los muertos. Que los que piden justicia y no humillación. Que los millones de españoles que abominamos del más vergonzoso plan que puede urdir el Gobierno de una nación, somos los culpables de que este proceso insoportable de cesiones y gracias a los terroristas no encuentre el camino llano y el horizonte sin nubes. La perversión del lenguaje por parte de los socialistas ha logrado su nivel más alto.

Pero el «Txapote» ese y la tía con la que se lo montaba —los crímenes y las camas— van a pasar treinta años en la cárcel. Saldrán más podridos de lo que están hoy. Buena mañana. A pesar de que el Gobierno de España está hablando con los terroristas, hoy es un día de recados. Y le envío mi recado de abrazos y besos a los padres de Miguel Ángel y María del Mar, su hermana, que no consuelan porque nada arreglan, pero les confirman que estamos con ellos y somos suyos.

La Razón, *15 de julio de 2006*

El tontocimas

Entiendo y admito que no se puede generalizar. Decía mi inolvidado Santiago Amón que en España no cabía un imbécil más. Y también mi añorado Jaime Campmany se nos fue sin haber culminado uno de sus más esperados proyectos literarios. El Diccionario de los Tontos. Algo principió, pero lo que escribió no pasa de la intención y el esquema. Lo tenía en la cabeza, en su luminoso talento. El tonto más tonto de los tontos es un tonto descubierto por Antonio Burgos. El tonto con balcones a la calle. Es decir, un tonto que se exhibe. Acostumbra hacerlo en la Semana Santa sevillana. El tonto plenipotenciario es el diplomático tonto. Ese que se refiere a las embajadas como si fueran países. «Hoy tengo cena en Bélgica, mañana almuerzo en Gabón y por la noche, fiesta benéfica en la India.» Pero en los últimos años ha aparecido un tonto masivo. El tonto de las cimas, el tontocimas, que se manifiesta todos los años en las cumbres de los grandes puertos pirenaicos del Tour de Francia. También es alpino pero en menor cantidad. El tontocimas invade la carretera, lleva banderas, pinta los nombres de sus ciclistas preferidos en el asfalto, corre un trecho del ascenso al lado de su héroe, y pone a los esforzados atletas de la bici en situaciones más que comprometidas. El tontocimas más numeroso es, por desgracia, español, y viste de naranja, pero no es valenciano, sino vasco. Es el conocido tontocimas del Euskaltel Euskadi. No está en peligro de extinción, porque se pueden contar a decenas de miles, siempre dando la tabarra en las cumbres. El tontocimas se diferencia de Heidi sólo en un detalle. Que se viste mucho peor. En este apartado hay que reconocer que el abuelo de Heidi cuidaba con más interés el aliño indumentario de su nieta, que también era bastante sucia, porque nunca apareció en toda la serie lavándose ni los dientes.

El tontocimas es un tonto estival y cumbrero. Pasa la noche en un monte con el solo objetivo de molestar al día siguiente a los ciclistas durante seis segundos. Si el deportista está cansado, el tontocimas tiene la oportunidad de molestarlo en ocho segundos, su máxima aspiración. Ya se han dado accidentes y caídas provocadas por los tontocimas, pero no parecen existir métodos para suprimirlos, exceptuando los expeditivos, que no serían bien acogidos por la opinión pública. En los Alpes, el tontocimas está más repartido, pero en los Pirineos se impone el naranja, el más abundante de todas las especies.

Cuando los ciclistas han pasado, el tontocimas inicia el descenso hacia su lugar de origen, invirtiendo en el retorno, por aquello de los atascos del tráfico rodante, unas quince horas de media. Cuando al fin, a su casa llega, el tontocimas cae en la cama derrengado y sueña con su próxima cumbre. Un tonto es una contrariedad. Decenas de miles de tontos, un auténtico peligro. Sobre todo, para los pobres ciclistas.

La Razón, *16 de julio de 2006*

Gamberros

Escudado en la imagen rimbombante de *La memoria recobrada*, el Comisariado Político de Televisión Española ha anunciado la emisión de una serie sobre la Guerra Civil. Una idea muy original y futurista. La Guerra Civil se desarrolló entre 1936 y 1939, aunque los datos históricos nos obligan a adelantar su principio a 1934, año en el que el Frente Popular compuesto por socialistas y comunistas se niega a aceptar el triunfo conservador en las elecciones. A partir de ahí, los distintos gobiernos pierden su sitio y se comienza a asesinar a los españoles disconformes con aquel sistema prosoviético, espasmódico y definitivamente lerdo. En cualquier caso, la Guerra Civil termina en abril de 1939, hace sesenta y siete años. El franquismo no supo ser generoso con los perdedores, y los perdedores no olvidaron jamás que habían perdido. Es un rencor viejo, un resentimiento anciano el que mueve a los que quieren rescatar las barbaridades de aquel enfrentamiento, infinitamente más duro en las retaguardias que en el frente de batalla. Curiosamente, los más interesados en abrir las heridas no vivieron la Guerra Civil y pertenecen a partidos políticos responsables de innumerables asesinatos.

Pero en TVE los comisarios políticos, por falta de ideas o por obediencia a instrucciones de sus jefes, han decidido rescatar, desde la parcialidad más ridícula y pasmosa, aquellos años deleznables. Y para ello, han encargado los guiones de esa gamberrada a cinco señores que nada tienen que ver con los conocimientos de la Historia. Unos novelistas que se llaman Manuel Rivas y Juan Madrid —novelistas, es decir, creadores de novelas—, dos cantantes, Pedro Guerra y Luis Pastor —¿qué pintan ahí dos trovadores?—, y un cineasta, Manuel Gutiérrez Aragón. Estarán de acuerdo conmigo en que el proyecto de TVE, como poco, es bastante gamberro. Dos novelistas, dos cantantes y un director de cine —y para colmo, de cine español—, encargados de explicar a los españoles lo que sucedió durante la Guerra Civil. Mejor escrito: lo que sucedió sólo en uno de los bandos de la Guerra Civil. Por tratarse de una producción financiada con dinero público y por un Ente Público, resultaría interesante averiguar cuánto cobran estos señores sin documentos para documentar una época que sólo han vivido y conocido a través de las palabras de otros, no precisamente adornados de objetividad.

Todavía, muy pocos, quedan españoles que vivieron el horror de la Guerra Civil. Ahí tienen a Pepín Bello, centenario, amigo íntimo de Federico García Lorca y de Salvador Dalí, alma de la Residencia de Estudiantes, y que ha revelado que el grandísimo poeta granadino brutalmente asesinado por un grupo de falangistas no era simpatizante de la Izquierda. Pero a falta de testigos presenciales, una serie sobre la Guerra Civil habría de ser encomendada a historiadores, incluso a historiadores subjetivos partidarios de ambos bandos, y no a cantantes, novelistas y cineastas pertenecientes al pensamiento único. Y ya de elegir a fabuladores, que fueran los mejores. Umbral, Gabriel

Albiac, Raúl del Pozo, César Vidal y compañía, que reúnen en sus talentos la subjetividad del individuo y la objetividad de un demostrado ingenio. Pero el talento y el pensamiento único que buscan los comisarios políticos son antagónicos.

Para captar un dos por ciento de la audiencia, Televisión Española recurre a una gamberrada peligrosa. Abrir más las puertas del rencor y la mentira en una sociedad dominada por el rencor y la mentira no es función recomendable para una televisión pública. La serie la verán cuatro gatos, pero es otro el problema. Más que un proyecto, lo que nos anuncia Televisión Española es una arriesgada estupidez, una gilipollez conceptual, una mamarrachada con pretensión histórica. Menos simular, y habérsela encomendado al camarada Llamazares, tan empeñado en licuar todas las sangres derramadas en un bando y mantener ocultas las del otro. Por lo menos, sería una serie limpia de intenciones partiendo de la intención más sucia posible. Pero no engañosa, no cínica, no apesedebrada.

Claro, que con estos comisarios políticos, TVE ha alcanzado su más alto grado de desprestigio de toda su historia. Pero me aburre analizar las causas. Ello no me impide denunciar esta próxima e inmediata tropelía. Y no pierdo la esperanza de que los comisarios políticos terminen por encargarme algún guión de algún hecho que desconozco por completo. Por ejemplo, el desarrollo de la batalla entre el Ejército alemán y el ruso en los aledaños de San Petersburgo, concretamente la librada en los bosques de abedules de Podvorie. Podría escribir el guión perfectamente, y mejor aún si mis compañeros históricos fueran el cantante Georgie Dann y el actor Santi Millán, de reciente éxito en Antena 3 con su serie contratada por afinidades políticas, que así funciona con frecuencia la cadena de televisión de Planeta.

La ventaja de mi serie es que no abriría heridas, que todo sería inventado y que al final ganarían los rusos, tal como sucedió. Y sería más barata, porque Georgie Dann y Santi Millán no están para subirse a la parra.

La Razón, *19 de julio de 2006*

Ladrones horteras

La avaricia vive en nosotros y con nosotros. El que lo ponga en duda es un iluso. Y robar es, para muchos, una profesión más que un riesgo o un delito. Decenas de grandes ladrones de guante blanco se han ido de rositas por su dominio de la discreción. Caen los horteras, los nuevos ricos, los que no pueden camuflar la ilusión que les produce su nuevo estado social. Mujeres, barcos, fincas, caballos, fiestas y regalos terminan por convertirse en sus fiscales. De los ladrones millonarios prefiero a los discretos, a muchos de los cuales estoy seguro de conocer, aunque no se le puedan probar sus mangancias. Pero me irritan los horteras. Se entiende la avaricia y la sinvergonzonería como debilidades humanas. Pero ya de robar, se hace bien y se invierte lo robado en buscar la estética. Lo dice el epigrama del XIX. «El señor don Juan de Robles / de caridad sin igual, / fundó este santo hospital... / Pero antes hizo a los pobres.» Una buena cantidad de ladrones históricos redimieron sus culpas con obras de caridad y beneficencia, alcanzando un prestigio social tan cínico como divertido. Pero no se puede robar para quedar mal. Al pájaro de Gescartera le intervinieron más de doscientas gafas de sol de marca italiana. Tenía mil cosas más, pero un tipo que roba para tener doscientas gafas de sol no merece ningún modelo de amnistía. Y ahora nos enteramos de los vinos de Roca a costa del Ayuntamiento de Marbella. La factura de Terres Vignoles de Carcassonne (La France), no deja paso a la duda. Entre las 350 botellas de Petrus, a 2.000 euros la pieza, 50 de Dom Perignon a 300 la unidad y 25 de Chateu Vieux Le Pape, el pufo que le metió Roca al Ayuntamiento de Marbella asciende a 855.000 euros. ¿Qué se puede hacer con un mangante tan ostentoso? ¿A quiénes celebró y homenajeó Roca con esos prodigiosos caldos franchutes adquiridos con el dinero de los marbellíes? Robar para comprar a cuenta ajena 350 botellas de Petrus supera con creces la frontera del delito para convertir la fechoría en una horterada descomunal que también habría de ser contemplada en el Código Penal. El financiero francés René de Surenne se jubiló con todo el reconocimiento social. Pero la Policía sospechó de su pasado cuando adquirió un inmenso barco, con helicóptero incluido, al que puso el nombre de *Mon Amour*. Un bandarra que llama a su barco *Mon Amour* no puede ser de fiar. Y pocos meses después, mientras navegaba con *son amour* —que tenía treinta años menos que él— por la Costa Azul, fue detenido por una patrullera de la Gendarmería y acusado de haberse metido la pasta del prójimo en su bolsillo durante veinte años. Pero nadie lo sospechó hasta el detalle del *Mon Amour*.

Mi ignorancia jurídica me impide encontrar la luz. Pero estos grandes ladrones horteras merecen una pena adicional. No por ladrones, sino por horteras.

La Razón, *21 de julio de 2006*

El fedayín

Israel es el único Estado democrático del Medio Oriente. Está rodeado de enemigos. Cuando ha sido atacado en guerra abierta les ha sonado las narices a sus adversarios. Y se cuentan a decenas de miles los israelitas que han muerto en ataques terroristas. Yaser Arafat, el besado por Occidente, fue un terrorista. Y los de Hizbulá lo son también. Cierto es que las respuestas israelitas a los ataques terroristas de sus vecinos pueden ser definidas, en ocasiones, de terribles. Israel es un Estado que se defiende, y para hacerlo emplea toda su fuerza, que es mucha. Pero insisto en que es la única nación democrática del Oriente Medio, y que el Movimiento Palestino ha derivado de manera irreversible hacia el campo del terror y fanatismo religioso. No obstante, nuestros progres se alinean siempre junto a los palestinos y contra Israel. Es la norma y la moda. Una moda muy pasada de moda, dicho sea de paso. Olvidan el valor y el civismo de una nación que ha convertido en un vergel un trozo de desierto —también se lo ofrecieron a Palestina y no lo aceptó—, después de sufrir el más cruel, terrible y devastador holocausto.

Israel es un Estado rodeado por la amenaza y la agresión. Y responde a la agresión con otra más contundente. Siria, Irán, Líbano, los palestinos... todos deseaban con obsesión la muerte, la destrucción de Israel y el exterminio de sus habitantes. Las fotografías e imágenes de la población civil masacrada por las armas israelitas son estremecedoras. También, aunque se publiquen con menos asiduidad y entusiasmo, las de los israelitas destrozados por los ataques de sus vecinos. De cualquier manera, tomar una posición parcial y burlona ante un desequilibrio insensato es una frivolidad. Y es lo que ha hecho, una vez más, nuestro inefable presidente del Gobierno, el nuevo fedayín, mientras su ministro de Asuntos Exteriores, Miguel Ángel Moratinos, daba —al fin—, una lección de sentido común en el Congreso, considerando «desproporcionada» la respuesta israelí a los ataques de Hizbulá, a la que el ministro responsabilizó del comienzo del conflicto.

Y llega Zapatero y se pone en la cabeza la *kufiya*, el pañuelo palestino, pateando una vez más al respeto institucional y la diplomacia. Israel es un Estado democrático que mantiene relaciones al más alto nivel con España. Y el presidente del Gobierno de España, para hacer la gracieta o simplemente el ganso, se coloca en su chochola la *kufiya* de los fedayines. El ministro dio una lección de ponderación y medida, y Zapatero nuevamente interpretó magistralmente el majadero papel de la frivolidad. Israel es un país amigo y no puede ser insultado gratuitamente, en una acción botarate. Entiendo el enfado y el desconcierto de la diplomacia. De la nuestra y de la israelita. Más torpe, grosero e inoportuno, imposible.

La Razón, *22 de julio de 2006*

Romance carcelero

A la prisión de Alhaurín van llegando los horteras con las manos esposadas por sus frágiles muñecas. Unos pagan la fianza y salen a la carrera, y a otros que quieren pagarla, el señor juez no les deja. Mil reporteros aguardan, con sus cámaras dispuestas, la llegada del «Pantojo», que se presume cimera, con los sus calzones altos, con las sus botas camperas, con el su sombrero airoso de alegrías rocieras. El Director de la cárcel presta tiene su libreta para pedirle un autógrafo mientras le muestra la celda. De Cabopino a Banús, de Guadalmina a Marbella, de San Pedro a los Monteros, cubriendo la blanca sierra, vuelan sombras de billetes entre gráciles palmeras. Dos mil urbanizaciones en Alhaurín se concentran. Y Roca sueña caballos, y Yagüe sus joyas sueña, y sueña Tomás Reñones sus tardes de gloria atléticas, que bien soñado, el pasado es un consuelo que lleva a pensar qué es más preciado, si libertad o condena, si honestidad que cohecho, si alegría que riqueza conseguida por la cara y con total desvergüenza. Que esas riquezas se pagan día a día en cada celda. Los que saben del tinglado y han estado en la menestra dicen que esto es el principio de una invisible cadena que poco a poco florece y se deja ver en tierra. Que hay cien personas calladas que a la Policía esperan que llegue en cualquier momento y toque el timbre a sus puertas. Que las cajas en los bancos de nerviosismo se inquietan. Que hay esposas que acusaron que hoy son cómplices directas. Que nadie se va a atrever a organizar una fiesta por miedo a quedarse solo sin invitados ni orquesta. Que nadie ignora del todo, y nadie a acusar se presta, porque el silencio es prudente cuando la amenaza impera. Que hasta los chanquetes saben lo que ha ocurrido en Marbella.

Entretanto, en Alhaurín, la prensa rosa hace espera, para captar el camino del famoso hacia la trena. En la playa, indiferente, la gente que veranea. En alguna inmobiliaria, el cólera y la diarrea. Los despachos de abogados, con la luz roja de alerta, y las familias de ellos y las familias de ellas, con más vergüenza que miedo, y más miedo que vergüenza. Las buganvillas, cansadas; los jacarandás, con pena; aún más blanca, si es posible, de susto y dolor, la sierra. Y una mirada al ayer. Cuando aquello era Marbella, un reducto de buen gusto y de normales presencias. Hasta que llegó el gilismo —el que tantos aplaudieran—, pasando de la armonía al pillaje y a lo hortera.

En Alhaurín unos cuantos de los culpables se encuentran. El dinero, en otra parte. Escondidas, las riquezas. Los constructores, con susto. Ocultos, los sinvergüenzas. Los árabes, en sus barcos. Miles de casas, en venta. Y agonizante en la costa, entre gráciles palmeras, devorada de cemento, lo que queda de Marbella.

La Razón, *23 de julio de 2006*

Falsa apariencia

Su apariencia es la de un ser humano normal, incluso venerable. Si me dicen que es un catedrático jubilado, me lo creo. «Txapote» no. El asesino de Miguel Ángel Blanco y de Fernando Múgica lleva la perversidad en su mirada. Aparenta lo que es. Un ser inmundo, depredador, sin alma. Es un criminal y no engaña. Sus venas y arterias, más que sangre, lo que llevan es odio. Pero el otro no. El otro estremece por su personalidad inesperada. Me refiero a Iker Gallastegui, un anciano con el cabello blanco, gafas de cansancio ocular, bigotito entreverado en canas y voz de vasco antiguo. Es el tío de Amaya, también asesina de Miguel Ángel Blanco, compañera de «Txapote» en los crímenes y en las orgasmías, madre de un hijo del terrorista. Una indecencia genética. Lástima, en este caso, de impracticado aborto. Un hijo de «Txapote» y de Amaya tiene todas las probabilidades de ser un asesino. Pero todo se andará. El que me asusta es el tío, porque, como él, existen centenares de vascos que van por la calle como personas normales y no lo son, en absoluto.

En mi infancia y juventud, por la apariencia, he visto y tratado a muchos hombres parecidos a Iker Gallastegui. Marineros y pescadores, que correspondían con una sonrisa a mi saludo. Abuelos que llevaban a sus nietos a pasar la tarde en el Monte Igueldo, y subían en el funicular, y recomendaban al encargado de los «ponis» que no soltaran las riendas de los pequeños caballos, que su nieto tenía miedo y no sabía montar. «Si se asusta y se cae puede hacerse daño.» He conocido a muchos sacerdotes vascos con la apariencia de Iker Gallastegui. Algunos de ellos hasta creían más en Dios que en el nacionalismo y la pureza de su raza. He hablado y tratado con amables propietarios de comercios muy parecidos físicamente a Iker Gallastegui. Recibían a los clientes con amabilidad y agradecían el detalle de comprar en sus negocios. Algunos, incluso, deseaban al que adivinaban forastero una buena estancia en San Sebastián y un feliz veraneo. Entre la melancolía jubilada del muelle de Pescadores, más de un marinero separado de la mar por la edad, seguía con nostalgia la labor de descarga de pescado de un pesquero, un *arrantzale*, recién arribado al puerto. Y no perdía detalle de la operación, y ya en tierra, contemplaba con sana envidia los atunes o bonitos capturados, con una mirada aparentemente limpia, como la de Iker Gallastegui.

En los jardines de Alerdi-Eder, o en la rotonda de la Reina María Cristina en Ondarreta, he visto a muchos como Iker Gallastegui paseando con su familia, contemplando la bahía de La Concha, hablando con los amigos del tiempo, de la mar y de los vientos. Y en el malecón del Tenis, que termina en la proa de Igueldo hoy ennoblecida por el mascarón del Peine de los Vientos de Chillida, me he topado con decenas de pescadores de caña, con su cesta y su chapela calada, lanzando el aparejo, emocionándose con la picada del pescado, y llevándolo con mimo a tierra, una pequeña lubina, una dorada, un lamote, una andeja, y depositarlo en la cesta con el orgullo infinito del pescador. Y muchos de esos pescadores no se diferenciaban en nada, aparentemente, de Iker Gallastegui, un jubilado donostiarra más, un hombre con el tiempo libre para disfrutarlo mientras la salud se lo permitiera.

De «Txapote», que no se parece a nadie normal, que no tiene humano ni el aspecto, nada bueno puede esperarse. Por eso me conmocionó oír las palabras de Iker Gallastegui, ese viejo vasco parecido a tantos viejos vascos escrupulosamente decentes que he conocido a lo largo de mi vida. En un buen programa de Tele-5, al tío de la terrorista Amaya le preguntaron si los etarras, su sobrina entre ellos, tendrían que pedir perdón. Y aquel hombre, más anciano que maduro, con la estética de un ser humano normal se revolvió de golpe y dejó escapar toda la podredumbre de su mente. «Pedir perdón, ¿por qué? ¿Por haber matado a unos cuantos que eran enemigos de nuestro pueblo? Nos obligaron ellos. Que nos pidan perdón ellos por habernos invadido.»

¿Quiénes les han invadido, Gallastegui? ¿Sabe usted que Guipúzcoa, Álava y Vizcaya son territorios fundadores de España? ¿De verdad le han dicho que Gregorio Ordóñez, Josefa Pagazaurtundúa, Fernando Múgica, Miguel Ángel Blanco, y tantos y tantos vascos más, mucho más vascos que usted, eran enemigos de su pueblo? ¿Cuál es su pueblo, perverso y maldito Gallastegui? ¿El que asesina? ¿El que arruina? ¿El que ha llevado a las vascongadas a las alcantarillas de la ética y a la cumbre de la mentira y el terror?

Mi tristeza no se reúne en torno al desalmado que es capaz de pensar lo que piensa y decir lo que ha dicho. Se abraza en torno a la apariencia. No es posible ya confiar en ella. El aspecto no sirve. Cuando una sociedad padece una metástasis tan devastadora como la vasca, cualquier contratiempo es posible. Hasta el que un anciano con apariencia de ser humano, de vasco antiguo, piense y hable como una serpiente estúpida, ignorante y canalla.

La Razón, *25 de julio de 2006*

Capados de zapaté

Aunque le moleste mú / y lo defienda con fú / el ministro Moratí, / es Zapatero sin du / un profundo antisemí. / Lo és, porque ésa es la mó / del esnobismo del «pro» / de este «progresismo» infaus / que se ha olvidado del to / qué pasó en el Holocaus. / Lo és, aunque el pobre hom / que al mundo por lerdo, asom / ignore que su apellí / —de los oficios, el nom—, / es apellido judí. / Lo és, porque en Occidén / se entiende que la defen / de la única democrá / que existe en el Medio Orién / es problema prioritá /. Lo és, porque Zapaté / no tiene ni zorra idé / de lo que pasa en el mun, / por ser un analfabé / internacional profún. / Lo és porque Castro y Chá / y también Evo Morá / y Hebe de Bonafí, / la de la Plaza de Má / son también antisemí. / Lo és, porque el socialis / y el vetusto comunis / del «Che» y de la Visa O / nunca llaman «terroris» / al terrorismo del mó. / Y lo es porque la Izquier / española no se acuer / de Aushwitz, Dachau o Treblin / porque Stalin con acier / los superó con ahín.

Y ahora rodea su cué / con la bufanda o pañué / que usaba Yasser Ará, / poniendo en un grave aprié / a la pobre diplomá. / Tic de «progre» sin sustan, / de frívolo extravagan / muy propio de Zapaté / que ha resultado indignan / hasta en la Unión Europé. / Y lo ha hecho con su sonrí, / y sabiendo lo que hací, / así, delante de tó / y que haciéndolo, jodí / a millones de persó. / Claro, que nada me extrá / de quien, mandando en Espá / nos da a todos por el cú / excepto a los critniná / de la ETA y Batasú. / De quien, con alto cinis / habla del gran heroís / de las víctimas, y lue / pacta con los terrorís / sin decir cuál es el pré. / Ciertamente no me extrá / que este chico provinciá, / con apellido judí, / que sabe menos que ná / juegue a ser antisemí. / Teniendo a Pepiño Blan / de consejero constán / hay que pensar cualquier có /. Y romper las relació / con Israel, como Fran.

La discusión sigue abier. / y la duda se refuer. / ¿Es malvado o simplemén / nos lleva a esta senda incier / porque le importa un pimién? / ¿Tiene serrín en el co, / a veces se vuelve lo, / o es que está de cachondé? / Yo mismo me descoló / cuando pienso en Zapaté.

Pida perdón el muchá / por esta mamarrachá / y admita públicamen / que ha pegado un patiná / diplomático tremen. / Ya son muchos los erró / y las equivocació / del peculiar Zapaté. / Discúlpese sin sonró / ante todo el pueblo hebré. / Pida perdón sonrién / aunque con el pensamien / no sienta lo que pronún. / Que no sea el Presidén / de España, mofa en el mun. / Y un consejo, Zapaté: / Antes de que otra memé / se le ocurra hacer en pú / —acépteme este consé—, / piénselo, no sea tarú. / Nosotros, los españó / estamos acostumbrá. / Mas si quiere hacer el bó / no salga de La Moncló / y haga el canelo en privá. / Y dígale a Moratí / que se calme y que no grí / defendiendo sus hazá /. Que es usted antisemí / lo sabe hasta Javier Bar / de Ambrosio, la carabí / y el coño de la Bernar.

La Razón, *28 de julio de 2006*

Harrod's en verano

El período posvictoriano duró en Londres hasta que desaparecieron las nieblas invernales. Más o menos, hasta la mitad de la década de los sesenta del pasado siglo. Tuve la suerte de conocer y vivir un Londres antiguo, intacto e imperial. Cuando paseé por Hyde Park en una noche de niebla densa me sentí inmerso en una película de Hitchcock. Orgullo en Londres en aquellos tiempos era Harrod's, el gran almacén de Knithbridge, que por entonces permanecía en manos británicas. Lo compraron años más tarde unos norteamericanos y éstos se lo traspasaron al árabe Al Fayed, de cuyo hijo Dodi y su fortuna, se enamoró Diana Spencer, Princesa de Gales. Harrod's tenía un lema: «Nada hay en el mundo que no pueda comprar en Harrod's.» Un americano pelmazo y millonario quiso comprobarlo. Entró en el establecimiento y preguntó en Información en qué planta se vendían los rinocerontes. Le informaron que en la cuarta. Allí le atendió una amable señorita. «En este momento no tenemos ninguno, pero si nos da su dirección se lo mandamos en dos o tres semanas.» A los quince días, el americano recibió en su casa de Houston un inmenso cajón con un rinoceronte blanco.

Pero a Harrod's hay que ir en invierno. De octubre a Semana Santa, fuera de los calores. Lo he escrito recientemente. La estética inglesa y el verano se muerden. Sólo en las antiguas colonias del Este de África el inglés puede parecer un ser normal con ropa ligera. Organizar un viaje para comprar en Harrod's en pleno estío es sencillamente inaceptable. Y hacerlo a costa del dinero de los españoles para llevar a la suegra, a la mujer y a las hijas, alcanza los límites de la más devastadora horterada, sin incidir en el escándalo económico que ello supone.

La ministra de Cultura dijo en cierta ocasión que el dinero público no es de nadie. Eso mismo piensa Zapatero, que lo derrocha en sus planes particulares con generoso desahogo. Y como diría Pepiño Blanco: «Se ha ido a Harol a hacer unas compras con su familia porque se lo merece.» Pero lo ha hecho en un avión del Estado, con dinero del Estado, y se ha llevado hasta a la suegra, de la que ignoro su rango y cargo en la Administración pública. Allí ha sido recibido, como es natural y pertinente, por el embajador de España en Londres, el socialista Miranda, que habrá aprovechado —espero—, la visita para hacer compritas del presidente, su mujer, sus hijas y su suegra, para cambiar la Bandera de España de la Embajada, la más sucia de cuantas ondean en «Belgravia Square».

A estas alturas de la frescura, nada me intriga más que conocer lo que compró en Harrod's la suegra de Zapatero. Y si lo hizo con su dinero o a cargo del presupuesto de la circunvalación de Burgos, que ni se han principiado las obras. Cuando los socialistas y sus familias manejan el dinero público, cualquier sorpresa es posible. Es de esperar, al menos, que lo hayan pasado bien.

La Razón, *29 de julio de 2006*

Iguazú

Estuve en Iguazú como profesor de la Ruta Quetzal de Miguel de la Quadra Salcedo. Argentina, Brasil y Paraguay se reúnen en uno de los rincones naturales más asombrosos del mundo. Las cataratas del Niágara son una bobada de feria comparadas con las de Iguazú. A éstas sólo les pueden hacer sombra las africanas de Victoria. Iguazú es el río que se despeña por mil cascadas bellísimas, todas a la orden de la impresionante Garganta del Diablo, cuyo poder se reparten a medias los argentinos y los brasileños. Iguazú es la selva subtropical que se extiende en centenares de miles de hectáreas. Iguazú es la leyenda. Alvar Núñez y Cabeza de Vaca descendió por el río Iguazú y advirtió a lo lejos un salto de agua cuyo vapor «ascendía a diez lanzadas» sobre la tierra. Después del gran salto, el Iguazú se convierte en el Paraná, la arteria de agua fundamental de Argentina, glosada y cantada por los poetas y los cantores, desde Rafael Alberti a Los Chalchaleros, Los Fronterizos, Jorge Cafrune, Jaime Dávalos y Eduardo Falú. En aquella selva, el doctor Germán Cobo me hizo una demostración de cicatrización de una herida con el líquido que guardaba una flor exótica. El tronco de la palmera de hierro, cuya madera es la más dura del planeta y que utilizaban los guaraníes para moldear sus armas. No es el Amazonas, o la selva del Orinoco, pero su grandeza es también impresionante. En aquel lugar, entre el fragor de los saltos, el ruido de la selva y el vuelo de ibis y tucanes, Miguel de la Quadra Salcedo explicaba a quinientos jóvenes del mundo los pormenores de la expedición de Alvar Núñez, y nos invitaba a quienes le acompañábamos a recitar poemas del Siglo de Oro, palabras de Quevedo, de Góngora, de Villamediana, de Cervantes que se perdían en el verde alto y rabioso del gran bosque húmedo, con sus árboles de plata y sus jacarandás violetas.

Hoy veo en *La Razón* una imagen de Iguazú sin apenas agua. Como si hubiera enfermado el paisaje más generoso del mundo. Para recuperarse, según los expertos, es necesario que pase el invierno austral y las nieves y los hielos vuelvan a ocupar, ya liberados en agua, los cauces asombrosos de los ríos de la América sureña. Pero a mí me queda el recuerdo de aquel milagro. Amanecer con la Séptima de Beethoven. Los tucanes, felices con la armonía del genio. La voz tronante de Miguel de la Quadra leyendo los cuadernos de Alvar Núñez y Cabeza de Vaca. Los paseos por las cercanas Reducciones jesuíticas del Paraguay. Y en la tarde, con el sol cayendo, el honor de recitar a Quevedo, inyectando a la selva las palabras del poeta en su más prodigioso canto al amor. «Alma a quien todo un Dios prisión ha sido / venas que humor a tanto fuego han dado, / medulas que han gloriosamente ardido, / su cuerpo dejarán, no su cuidado; / serán ceniza, mas tendrá sentido; / polvo serán, mas polvo enamorado.» Volverá el agua a tronar en Iguazú. Los versos ya están para siempre en su selva.

La Razón, 1 de agosto de 2006

«The Mareta»

Como terminan de aterrizar —no en El Prat—, provenientes de Londres, los Zapatero se disponen a ocupar, un año más, la residencia real de La Mareta, que ahora se llama «The Mareta» para que las niñas no pierdan el inglés. Le sucedió a una señora pasada de esnobismo en Marbella, en la década de los setenta. Acudió a una perfumería para comprar jabones Lax. —Lo sentimos, señora, no tenemos jabones de esa marca—. Tomando el aperitivo con una amiga en el Marbella Club se quejó de la falta de clase de las perfumerías marbellíes, que no tenían jabones Lax. La amiga le brindó la solución en un segundo: —No pidas jabones Lax. Pide Lux y te los dan al momento—. Pero la de los Lax no estaba dispuesta a la rendición: —Prefiero no lavarme a perder mi inglés—. Lo mismo sucede con «The Mareta».

«The Mareta» fue un regalo del Rey Hussein de Jordania a los Reyes. Don Juan Carlos y Doña Sofía la donaron inmediatamente al Patrimonio Nacional. Pero allí falleció en unas vacaciones de Navidad Doña María, y para la Familia Real la casa perdió armonía y encanto. Los Reyes, además, veranean en Mallorca, y Zapatero se adjudicó La Mareta —todavía sus hijas no estudiaban inglés— para transcurrir allí su merecido descanso veraniego. Un hombre, que como él dice «no descansa ni los fines de semana», precisa de una temporada de sosiego especial. Pero no les gustó en exceso la casa, y se gastaron unos cuantos cientos de miles de euros en acondicionarla a su gusto. Se entiende que unos cuantos cientos de miles de euros de dinero público, que no es de nadie, como defiende la ministra de Cultura, doña Carmen Calvo.

En «The Mareta», tienen todo lo que un matrimonio de rango superior al resto —lo ha dicho el ministro Jordi Sevilla— necesita para disfrutar y descansar. Carece de *beach*, porque está en lo alto de un acantilado que sirve de hogar a cormoranes y albatros, pero cuenta con dos *swimming pools* para que se puedan bañar sus inquilinos mientras practican el inglés de Zara, que es mejor que el de Eaton, el de Oxford y el de Cambridge juntos. Lo malo del inglés de Zara es que resulta más caro que los demás. Una camisa naranja en español de Zara cuesta cincuenta euros, y en inglés de Zara, la misma asciende a doscientos euros, pero tiene la ventaja de que no se pierde el inglés, porque se puede pronunciar Zeira. Todo eso lo van a debatir este año en «The Mareta» los Zapatero, mientras contemplan arrebolados las maravillosas puestas de *sun* de las Canary Islands.

Cancha de básquet, todo tipo de gardens, y una vista prodigiosa sobre el *sea* o *Atlantic Ocean* que remansa los ánimos y equilibra las arritmias que procura el duro ejercicio del poder. Y sobre todo, una casa que garantiza la inversión de los cursos de inglés de las niñas en London. En «The Mareta» van a ser *happys* de verdad, y yo me alegro.

La Razón, *6 de agosto de 2006*

Navegando

Para ser el propietario de un gran barco, eso que los cursis llaman «yate», sólo hace falta tener dinero. El problema no es poseer un barco, sino llenarlo. Por lo normal, la gente huye de sus amigos con barco porque siempre, cuando el verano se acerca, puede salir de sus bocas la terrible amenaza: —Nos encantaría que vinieras a navegar unos días—. Nada más peligroso en la costa que la arribada del barco de un amigo o conocido. El armador, minutos después del atraque, amarre o fondeo, desembarca en busca de incautos para sorprenderlos desprevenidos e invitarles a embarcar. Se puede evitar el riesgo con un poco de sentido de la observación. El propietario de barco desembarca con gorra de plato, gafas de sol, polo con el nombre de la embarcación bordado a la altura de la tetilla izquierda y pantalones cortos. Recorre los chiringuitos y las playas en pos de víctimas incapaces de resistirse a las invitaciones. Por lo normal proviene del negocio de la construcción y se mueve por su tercer matrimonio. Se ha casado recientemente con una guapísima mujer treinta años menor que él y necesita enseñarla. Mientras el afortunado millonario busca por playas y chiringuitos a sus víctimas, su guapísima mujer se lo hace con el capitán del barco, casi siempre argentino.

Se dan casos divertidos de nuevos ricos propietarios de «yate». Insuperable el de la oronda esposa de un triunfador que ocupaba la mitad de la popa en la travesía entre Mahón y Espalmador. Cubría su cabeza con una pamela carmesí con barbuquejo, por aquello del viento marino. Al fin Espalmador. Maniobras para fondear. El capitán solicita su permiso. —¿Podemos echar el ancla, señora?—. Su licencia afirmativa, rápida y segura: —Sí, eche el ancla, pero antes de hacerlo, cerciórese de que no hay buzos debajo—.

En la década de los ochenta, en Formentor, el ilustre penalista José María Stampa Braun, el genial humanista Antonio Mingote y el humilde narrador que esto firma hubieron de permanecer más de treinta minutos escondidos en el pinar adyacente a la playa, para no ser vistos por un empresario del sector de la automoción que estaba empeñado en embarcarnos en su fantástico chisme flotante. Cuando al fin renunció al secuestro, el ilustre penalista, el genial humanista y el humilde narrador tuvieron que ser atendidos de los calambres que sufrían en sus piernas, no acostumbradas a soportar la incómoda postura conocida como «cuclillas» durante un tiempo superior a los veinte segundos. Al día siguiente, convalecientes y con grandes agujetas, el propietario del barco no tuvo dificultad en apresarnos, y embarcarnos en su «yate» como tres corderitos pascuales. Lo más divertido e interesante que dijo el afortunado empresario durante la navegación fue, si no recuerdo mal, lo que sigue: —El agua de las Baleares tiene un azul diferente—; —¿diferente a qué?—, preguntó Mingote sin excesivo interés—; —diferente al resto de los azules—, sentenció el dueño, con gran experiencia marinera.

Lo mejor de los barcos de recreo en manos de un conocido es desembarcar. Otra cosa es disfrutar de la mar con amigos de verdad. En ese caso, nada más recomendable que alquilar un barco, el mejor, que es muchísimo más barato que comprarlo, mantenerlo, pagar la nómina y la seguridad social de patrones y marineros, y adquirir un atraque para que el barco pase el invierno sin hacer absolutamente nada. Me lo decía un famoso notario mientras paseábamos por la orilla de la montañesa playa de Oyambre: —Me encanta el norte porque no te convidan a los barcos—.

Un amigo es siempre llevadero. Un conocido lo es más en tierra que en la mar. Una novia en la costa es una maravilla. Una novia en la mar puede convertirse en un tormento. Entre constructores con grandes barcos se da mucho el trueque de novias cuando coinciden en un puerto. —Te cambio a Iris por Vanessa—; —de acuerdo, pero tienes que llevarte el lote completo. Vanessa se ha traído a su madre—.

No me interpreten con sesgos injustos. Soy un enamorado de la mar, de navegar, de la gente que de la mar o en la mar vive, de su grandeza, de su misterio, de sus calmas y de sus bravuras. Pero abomino de la moda. El mar o la mar, que para mí es hembra, sólo puede ser disfrutada desde la armonía y la naturalidad. En verano, preferentemente en las islas Baleares, esa armonía y naturalidad se quiebran. Además, que a determinadas horas aquello parece la Puerta de Alcalá en hora punta, sólo diferente en que son barcos en lugar de coches los que se aglomeran, y que los conductores y usuarios de los vehículos van en traje de baño o sencillamente en pelotas. La mar es la soledad, no la compañía. Se dicen cosas tan tontas como ésta: —Si coincidimos en Portals venís a bordo a tomar una copa—. Es decir, que para tomar una copa hay que hacer todo lo posible para coincidir en Portals. Una majadería.

Agosto navega hacia el tiempo que viene. En pocos días la mar de Baleares recuperará su armonía desde su azul diferente al resto de los azules. Y los bravos propietarios de barcos sin invitados volverán a sus solares, ya sea en Madrid, ya sea en Seseña, a lo suyo. A seguir construyendo para comprarse un barco más grande.

La Razón, *8 de agosto de 2006*

Polos opuestos

Entre Venezuela y Colombia, que según el mapa son naciones fronterizas —ambas compartieron el territorio de Nueva Granada—, se ha establecido una distancia mayor de la que separa al Polo Norte del Polo Sur. A Venezuela la gobierna un payaso descaminado y a Colombia, uno de los políticos más serios y consecuentes de las democracias occidentales. El primero, «hermano de Fidel», alienta y cobija el terrorismo de los mal llamados «guerrilleros», en tanto que el segundo, después de un apabullante triunfo en las elecciones, inicia su segundo mandato con la economía recuperada y la decisión firme de combatir y terminar con el narcoterrorismo y los paramilitares. El primero se enriquece y despilfarra a su antojo las riquezas de su nación, por las que ingresa diez veces más que una década atrás sin que ello repercuta en el bienestar de una ciudadanía empobrecida. El segundo, que no cuenta con el inconmensurable apoyo del petróleo, ha creado en Colombia el entretejido fundamental de una sociedad pujante. La clase media. Al primero le llueven los millones de dólares sobre su cuenta corriente revolucionaria y bolivariana, y al segundo no se le ha podido intuir la desviación de un solo billete hacia su cartera. Grandes ciudades aparte, la naturaleza es tan bella en Venezuela como en Colombia, pero una asiste al empobrecimiento de su país y la otra a la estabilización y la seriedad económica. Sólo los tucanes que ignoran las líneas fronterizas, y pasan de un lado a otro sin pasaportes o salvoconductos, no advierten las diferencias.

La última aparición del «revolucionario bolivariano» en su programa de televisión nos ha dejado confusos. Ha retirado de La Habana a su hermano Adán, que hacía allí de embajador de Venezuela ante el tirano. ¿Lo ha hecho para garantizar su seguridad? El caso es que le ha nombrado ministro de la Presidencia, que es lo que se hace con los hermanos. Y a Fidel, de quien asegura una «notable y franca recuperación», le ha prometido enviarle un frasco con agua del Churún Merún, el maravilloso Salto del Ángel cercano a Canaima, para que la beba con sediento frenesí antiimperialista, y sane. Si tan seguro está de la recuperación de Fidel, ¿por qué saca a toda prisa a su hermanito Adán de La Habana? Secretos del Churún Merún, sin duda alguna.

El Príncipe de Asturias representará a España en la toma de posesión del presidente Uribe. Ahora le toca el turno al Gobierno. Ayudar y apoyar sin descanso ni prudencia a Colombia, quizá la nación más digna y peor tratada de América del Sur. Su lucha contra el más cruel terrorismo —el camboyano Pol Poth, comparado con Marulanda, era un palomo— precisa del soporte de los países más libres y democráticos. Pero mucho me temo que las simpatías del Gobierno de Zapatero están con el histriónico tiranuelo que manda en la nación fronteriza con Colombia, esa que está a miles de kilómetros de distancia aunque no se aperciban de ello los tucanes.

La Razón, *11 de agosto de 2006*

Comandantes

He tratado a muchos comandantes en mi vida. Comandantes de Tierra, de Mar y de Aire. En el Servicio Militar coincidí con la tira de ellos. «A la orden de mi comandante» para arriba y a la «orden de mi comandante» para abajo. El noventa y nueve por ciento de aquellos comandantes eran personas decentes, honestas y ejemplares. Algún cabronazo entraba en el cupo, pero de esquinazo, como bicho raro. Tuve un comandante que me empapeló por no mantener el primer tiempo del saludo. Y tuve comandantes, los más, que me enseñaron que la riqueza, el dinero, la ambición personal, los intereses económicos y sociales, la presunción y falta de honradez, herían de forma miserable su uniforme de soldados. Comandantes que por servir a todos cobraban —y cobran— la mitad de lo que perciben, por poner un ejemplo, los sindicalistas que atentaron contra la libertad de decenas de miles de ciudadanos en la salvaje huelga del aeropuerto del Prat de Barcelona.

En aquellos tiempos, cuando yo estaba a las órdenes de mis comandantes, reconocer los méritos y sacrificios de los militares se interpretaba de forma muy rastrera. La estupidez babosa de determinadas opciones izquierdistas despreciaba todo lo que pudiera significar respeto a la profesión, que es vocación, militar. El uniforme no era admitido por la «inteligencia» y la «intelectualidad». Las Fuerzas Armadas se sentían obligadas a pedir perdón, no se sabe a quién, por el sólo hecho de serlo. Pero no todos los militares eran despreciados. Aquellos que no se quitaban el uniforme ni para dormir, ni para torturar, ni para asesinar, ni para dominar a una población sin libertad, recibían de aquella Izquierda babosa y falsa todas las amnistías. El comandante Che Guevara era el mito reluciente. El comandante Fidel Castro era el ejemplo esplendoroso.

Hoy, treinta años después, la mentira sigue alzada. Todo lo que signifique apoyar a los militares está muy mal visto. Pero si el «comandante» es Castro, la baba se desparrama entre todos los antimilitaristas y llega, convertida en marea viva, a los ánimos y corazones de los falsos y los incautos. Leer a Llamazares de «su comandante» Castro, produce urticaria, reducción de fuchinga, sonrojo huevil y carcajada antigua. «Su» comandante ha sido uno de los más tenaces asesinos de los últimos cuarenta años, pero es salvado por imponer una tiranía comunista. No importan los muertos, los depurados, los torturados y los encarcelados por «su» comandante. Y no sólo me reúno con las ridículas palabras del pobre Llamazares. Repasen los artículos publicados en algunos periódicos desde que le dio el telele al exterminador cubano, y aun siendo ingenuos comunistas, se les caerá la cara de vergüenza.

Mis comandantes eran mejores o peores, simpáticos o antipáticos, flexibles o severos, justos o injustos. Pero hasta en la equivocación, decentes. El comandante que hoy lloran los antidemócratas es, simplemente, un asesino. Por eso, quizá, lo lloran.

La Razón, *12 de agosto de 2006*

Nenazas

Los llamados «abertzales» están capados de valentía. Doscientos de ellos insultaron, zarandearon e intentaron agredir a una mujer. A una mujer más vasca que todos ellos juntos y con un nivel de testosterona en sus actitudes que a su lado los llamados «abertzales» van a empezar a sufrir las molestias de la menstruación. En Guecho ha sucedido, para gozo de su alcalde Zarraoa. Colectivismo cobarde contra individualismo valiente. Eso es la libertad y el germen de la cultura occidental. El ser humano libre. La soledad del talento y el coraje contra la bestialidad abrumadora de la masa. Los vascos, los de verdad, tan admirables, han dado a la Historia de España páginas enteras de individualismo, de genialidad y de tesón. Ahora sólo funcionan en grupo. Reman muy bien en traineras, cantan maravillosamente en los orfeones, funcionan de cine en el terrorismo, e insultan y amenazan con una efectividad pasmosa siempre que multipliquen por diez el número de los insultadores al de los insultados. Mano a mano, cara a cara, ninguno de los llamados «abertzales» que insultó y zarandeó a María San Gil en Guecho le mantendría cinco segundos la mirada.

Llamaron «fascista» a María San Gil. Reparen en la descalificación. A una mujer que representa a centenares de miles de vascos, que jamás ha usado la violencia ni para hablar, que ha enterrado a centenares de personas inocentes asesinadas por la ETA, que sólo busca y pretende la normalidad política y ciudadana de su tierra, que demanda justicia y no venganza, y que persiste a pesar del riesgo en sus raíces, la han llamado «fascista» los partidarios del terrorismo, los protagonistas de la violencia callejera, los que no admiten otra idea —si es que la tienen—, que la suya propia, y que establecen diferencias raciales con el resto de la humanidad, una humanidad por cierto, cada día que pasa más agradecida por esa diferencia. Y esos menstruados se atreven a llamar «fascista» a María San Gil, que a pesar de ser, como escribió Francisco Umbral, la mujer de la que todos estamos enamorados, demuestra un día sí y el otro también que nada tiene que ver la fragilidad física con el miedo.

Con mujeres como María San Gil, María José Usandizaga, Maite Pagazaurtundúa, Pilar Aresti, Gotzone Mora, Edurne Uriarte, María del Mar Blanco, Teresa Becerril, Pilar Elías, y tantas y tantas heroínas de la vida y de la libertad, el futuro de los llamados «abertzales» se resume en los tampax, en las compresas con alas y sin alas de función simple o de doble absorción, en los calmantes para evitar los dolores y molestias del «tío de América» y en la baja laboral en sus empresas por padecer del mesecito.

Además de fascistas, de violentos, de racistas, de intolerantes, de vociferantes y de cobardes... nenas, nenazas.

La Razón, *13 de agosto de 2006*

San Sebastián

Llama a la puerta el 15 de agosto, y la memoria me obliga a volver a San Sebastián. A ella le debo los días casi más felices de mi tiempo. Los mejores los tengo guardados en La Montaña, y espero que no me falten en el futuro que me queda. Desde la gran terraza que dominaba la bahía, entre Santa Clara e Igueldo, la acuarela cambiante de la mar. El lento paso de los petroleros, dueños del horizonte. La playa de Ondarreta que pasaba de la soledad a la muchedumbre. La voz cantarina de la vendedora de bolsas de patatas fritas, que se oía desde la proa de Igueldo hasta el Pico del Loro, la frontera de dos playas en la bajamar. Campanas del Antiguo, y del Buen Pastor, y de San Ignacio y de Santa María del Coro, nave de piedra inmediata al muelle de los pescadores, que olía a sardinas de la Panchica y a pescado recién desembarcado de los *arrantzales*. La Concha, lengua circular de arena, playa de los veraneantes de Valladolid y Zaragoza. Ondarreta era madrileña, un poco sevillana, y donostiarra ante todo. Los guardias municipales con playeras imponiendo multas y sanciones a los bañistas que retaban a la moral y las buenas costumbres. El más inflexible, el agente Gallastegui, terror de los toldos y las carpas. En 1962 se permitió el uso del bikini, pero sin exageraciones. Pasábamos a las playas francesas y aquéllos sí eran bikinis de verdad, y el fuego entraba en nuestros cuerpos de adolescentes obsesos, más que obsesivos. El *Azor* de Franco fondeando al socaire de la isla de Santa Clara, sin apenas vigilancia. Allí se le aplaudía. La noticia divertidísima publicada en *El Diario Vasco* de San Sebastián, la errata que dio lugar a toda suerte de comentarios y sonrisas durante todo el verano: «Su Excelencia el Jefe del Estado y esposa recibieron ayer a bordo del *Azor* al ministro de Asuntos Exteriores y señora, al gobernador civil de Guipúzcoa y señora, al gobernador militar y señora y al señor obispo de San Sebastián y señora.»

Pinchos en el Pepe, Resaca, La Espiga y la Cepa. Jamón de Casa Alcalde. En la falda de Igueldo, en las pistas del Real Club de Tenis de San Sebastián, se disputa el Campeonato de Guipúzcoa de parejas mixtas. Los tenistas Esperanza Aguirre y Alfonso Ussía caen injustamente derrotados en treintadosavos de final. Carrera tenística truncada para siempre. Suben y bajan los funiculares de Igueldo y en lo alto del torreón, dominando toda la ciudad de San Sebastián y su bahía, la bandera de España, tan habitual, tan respetada, tan querida y tan familiar en los paisajes donostiarras.

Franco ha pescado un cachalote. Alfredo Álvarez Pickman, campeón del mundo de pesca de atún, llega en la *Curricán* con un cimarrón de doscientos kilos. El balandro *Norte V* recupera la bahía después de un día de mar, con su patrón en la caña y Agustín y Loncha, los marineros, pensando en la sociedad gastronómica y los vinos de Derteano. Las lanchas de la isla traen y llevan a los domingueros, y en lo alto de Urgull el Sagrado Corazón recibe en la nuca los últimos golpes del nordeste. Detrás Gros, la Zurriola, Ulía y Pasajes, que escupe y absorbe barcos mercantes por su natural y angosta boca de puerto.

Se prepara el día grande, el de la Virgen, tan anclado en mi alma. La Asunción. La Salve del Orfeón en Santa María, con el *Agur Jesusen Ama* como punto final. Los fuegos artificiales, con todas las playas abarrotadas de espectadores curiosos en la noche agosteña. Besos y exclamaciones. El mar que rompe y el mar que se despide. En la esquina de Ondarreta, cerca del camino pindio que accede a la Torre de Satrústegui, los primeros bailes del Chiqui, casi todos ellos amparados en las vecinas baladas francesas de Jacques Brel, de Françoise Hardy, de Adamo, de Gilbert Becaud y de Hervé Vilard, que aquel verano se puso muy pesado con «Capri», que en francés se pronuncia «Caprí». Vuelta a casa por el paseo de los tamarindos, la rotonda de la Reina Cristina y las calles de los Infantes Don Juan, Don Jaime, Doña Cristina y Doña Beatriz. Muy *abertzale* todo. Huele a sosa y a jabón Lagarto desde la inmediata Lasarte. Síntoma de buen tiempo. Los rezagados del Pepe piden su última copa, y todavía pulula por ahí algún ligón desafortunado que se ha quedado sin pareja.

El último trolebús pierde el cable en la curva de Zumalacárregui con la recta de Ondarreta, y en Gaztelubide, púlpito pescador y marinero en las faldas de Urgull, cantan los del Orfeón «El Festara», el anuncio de que la fiesta ha comenzado y no olvida a ninguno de los hombres de la mar que partieron una madrugada o en una atardecida para no volver. Esas tardes claras del rayo verde en el horizonte de poniente.

San Sebastián fue un paraíso. Probablemente lo sigue siendo en mi memoria, porque el gran paraíso de la vida es la niñez y la juventud. En su recuerdo me resumo para aliviar las nostalgias de los días grandes, de los seres queridos escapados, de los últimos vientos abrazados a un lugar que estará siempre atenazado a mi interpretación del amor.

La Razón, *16 de agosto de 2006*

Pepiño el perdidiño

Ha estado en Galicia de vacaciones mientras su tierra ardía como una tea devorante. Pero no se ha acercado ni a las llamas ni a los sufrimientos. Marisquiño por aquí, marisquiño por allá, a Pepiño el perdidiño lo del fuego le parece un pestiño. Las suelas de sus zapatos no han dejado huellas ni en cenizas ni en terrenos de bosques calcinados. Albariño por aquí, albariño por allá, a Pepiño el perdidiño lo del fuego le parece un pestiño. Al menos, su jefe Zapatero, aunque sólo unas horitas y con seis días de retraso, se dejó caer por alguna zona devastada y recibió más de un abucheo espontáneo. Pero él no. Él mirando al Miño y dando la espalda al Miño, que a Pepiño el perdidiño lo del fuego le parece un pestiño. Cuando lo del *Prestige*, Pepiño se autoproclamó miembro de «Nunca Máis». Indignante lo del Partido Popular. El *Prestige*, al mando de José María Aznar y con Álvarez Cascos de jefe de máquinas, por una extraña maniobra antiecológica, dejó escapar a la mar millones de litros de fuel. Pepiño lo vio claro. La culpa la tuvo el Partido Popular en pleno, y prueba de ello es que los grandes intelectuales españoles como el presumible actor Luis Tosar y el publicista Manuel Rivas coincidían plenamente con su apreciación. Ahora también andan perdidiños, aunque menos que Pepiño, al que lo del fuego le parece un pestiño. ¿Dónde estará Pepiño?, se preguntan sus allegados, incluidos familiares, lejana parentela y sobriniños de tercer grado. Nadie sabe responder. ¿En la sede de «Nunca Máis»? Un mensaje por móvil, extendido por toda España, dice algo parecido a esto: «Éste es el contestador automático de "Nunca Máis". No hay nadie en nuestra sede, porque todos los dirigentes están enchufados en la «Xunta». Deje el recado y llámenos cuando vuelva a gobernar el Partido Popular.» ¿Estará con ellos Pepiño Blanco? ¿Dónde se hallará Pepiño el perdidiño, al que lo del fuego le parece un pestiño? ¿En la casiña de Suso, su escritoriño confuso? Se ignora su paradero. «Si me quieres escribir / ya sabes mi paradero / en la casiña de Suso / y lejísimos del fuego.» Hasta Touriño busca a Pepiño el perdidiño, al que el fuego le parece un pestiño. Lo pregunta hasta la copla popular: «¿Se hallará en Moncloa? / ¿Estará en Ferraz? / ¡Ay, Pepiño mío / muéstranos tu faz!»

Una faz bastante dura, por cierto. Se quema Galicia, «Nunca Máis» se calla, Narbona acusa, Narbona se desmiente, Zapatero acude con su habitual pereza, dos horiñas *mais* o menos, retorna a «The Mareta», Galicia sigue ardiendo, y el galleguiño Pepiño el perdidiño desaparece porque lo del fuego le parece un pestiño. Hombre, algún votiño habrá perdido Pepiño por culpa de esta tragedia, que es consecuencia, según un tal Ainxo Quintana, de los años de gobierno del Partido Popular. Aznar, que se ha llegado hasta Galicia y con un Cartier de los que colecciona Fefé se ha propuesto quemar el monte. Para eso está el portavoz del PSOE, para mentir a gusto. Pero esta vez, ni eso, porque Pepiño, el perdidiño, está desaparecidiño, porque lo del fuego le parece un pestiño. Anda, sal, cariño.

La Razón, *19 de agosto de 2006*

La piscina y los cursis

Algo tan simple como una piscina sigue siendo un asunto fundamental para la Izquierda catalanista de Mallorca. Me refiero a la piscina de la casa de Pedro J. Ramírez y Agatha Ruiz de la Prada. Ya he escrito, y lo repito, que en esa piscina este menda se bañó bastantes años atrás, cuando la casa y la piscina pertenecían a Juliana y Joaquín Calvo Sotelo. En aquellos tiempos no era invadida por políticos adiposos y nacionalistas sudados. Es más, en un rincón del complejo refrescante y natatorio existía una ducha para que los invitados de Juliana y Joaquín cumplieran con educación higiénica las normas y las buenas maneras que todo extraño está obligado a observar cuando se introduce en líquidos elementos de propiedad ajena. El verano pasado, la piscina fue asaltada por un cardumen de besugos mezclados con congrios y al mando de un descolorido cefalópodo con inmunidad parlamentaria. Aquello supuso uno de los acontecimientos mas ridículos del verano, aunque la condición de diputado del jefe de los penetras concediera una importancia mayor a la gamberrada.

El caso llegó hasta el Ministerio de Medio Ambiente,

y la propia ministra Narbona concedió la razón a Pedro J. Ramírez. Pero los besugos no cejan, y han convocado una manifestación contra la piscina —majadería excelsa—, a la que se han sumado los socialistas y verde-comunistas mallorquines. La manifestación ha sido convocada por unos cursis que conforman una asociación llamada «Lobby per la Independència». Desde que las hijas de Zapatero aprenden inglés, aquí estamos con el *Diccionario Collins Inglés-Español* en la mano. Seguro que más de un perteneciente al «Lobby», además de independentista, en sus ratos libres se dedicará a edificar *buildings*. Porque en Mallorca, hay al menos tres mil piscinas emplazadas y construidas en las mismas condiciones que la de Pedro J. Ramírez, pero como son muy pocos, no pueden invadir las tres mil y han elegido la de Pedro Jota por una razón política que no admite discusión ni debate. Para fastidiar, para amenazar y para hacer la vida imposible a una persona que no les cae bien.

Y lo hacen, simultáneamente, desde la desvergüenza y la cursilería. Lo del «Lobby» es para mingitar y no echar gota. Si los del «Lobby» tuvieran más capacidad de observación llegarían a la conclusión de que el cincuenta por ciento de los hoteles, urbanizaciones y casas particulares levantados en las costas de Mallorca pueden ser considerados ilegales. Sucede que alguna de esas construcciones pertenecen a miembros del «Lobby», y esa situación no les divierte aclararla.

Pero no todo es malo. Que unos necios se dejen llevar por un diputado independentista para manifestarse contra una piscina es buena noticia para España. Pero insisto en mi obsesión higiénica. Que al menos, lo hagan después de haberse duchado. Y el diputado, con un tanga, para alegrarnos la vista.

La Razón, *22 de agosto de 2006*

La playa

Me he duchado, y ha escapado de mi cuerpo la arena y el salitre. He ido a la playa. Todavía no me he repuesto de sus inclemencias e inconvenientes. Del pasado año a este verano, ha aumentado considerablemente en el norte de España la población de focas. De punta a punta de la playa de Oyambre he contado cuatrocientas setenta y seis, y alguna se me habrá escapado. ¿Qué hacía la gente en la playa antes de que se inventara el teléfono móvil? Surf. Está de moda el surf. Peligro de morir decapitado. Está prohibido llevar perros, pero nadie hace caso a la norma. Un distinguido y deportista bañista que corría por la orilla se ha visto obligado a introducirse en el agua con poca dignidad para escapar con vida del ataque de un cocker con vocación mutiladora. Cuando se sentía seguro y el cocker ha decidido desentenderse de su víctima, el distinguido bañista ha sido golpeado por una tabla con un niño equilibrista sobre ella. Seis puntos de sutura. Me han invitado unos amigos a compartir el aperitivo, que traen preparado en una hermosa cesta con cubo de hielo incluido. Deliciosa la ginebra con arena. Le da un toque especial. También arena en la tortilla de patatas. Muy crujiente.

Bajo una sombrilla leo el periódico. Un golpe de nordeste ha tumbado la sombrilla. Acudo raudo a reponerla en su sitio. La sombrilla rueda por la arena. Al fin la alcanzo. Cuando recupero mi lugar y clavo el gran parasol en la arena, mi periódico vuela deshojado en distintas direcciones. Las páginas de Opinión están en manos de un señor que toma el sol a treinta metros a la izquierda. Las de Nacional las ha pisado una niña juguetona. Las de Internacional, con enorme vocación marinera, han llegado a la orilla, y las de Deportes se encuentran entre las fauces de otro perro, que se divierte con ellas. Afortunadamente me queda la página del sudoku. Jamás he hecho un sudoku. Doy por finalizada mi sesión de lectura. Me pica el traspuntín con el salitre. Traspuntín, antifonario o culo, siendo la última la voz más expresiva. Distingo a una mujer maravillosa en la lejanía. Un cuerpo sensacional, unos andares de quitar el hipo, un tanga diminuto. Disimuladamente, acudo hacia ella para cruzarme con la maravilla. El tanga es diminuto, los andares de quitar el hipo, el cuerpo sensacional, pero no es una mujer. Problemas de la miopía. Un niño, que no quería salir del agua, es sacado de ella a leches de su madre. Sorprendentemente, cuando ha recibido una buena tanda de mamporros, la madre retorna a su sombrilla y el niño vuelve al agua. Un pez escorpión, también llamado araña, pica en la planta del pie a un bañista. Juegos de palas. Partido de fútbol. Competición de balonvolea. Huyo. Corro desesperado hacia el coche. Pierdo de vista la costa. Una mañana inolvidable de playa. ¡Qué agradable es la playa! Y me centro en la escritura, pero sin el donaire de otros días. Todavía estoy conmocionado. La playa, la playita...

La Razón, *25 de agosto de 2006*

El arresto de Dios

El actual ministro de Defensa no se conforma con arrestar a generales que leen en público artículos de la Constitución. Se ha propuesto arrestar a Dios y meterlo en los calabozos de los cuarteles. No en la Sala de Banderas, sino en los calabozos. A Dios y a la secular tradición religiosa de nuestras Fuerzas Armadas. En el funeral laico por los 17 militares fallecidos en Afganistán el pasado verano, se prescindió de la oración a los caídos y del rezo del responso. Dios arrestado por orden del señor ministro. Que se prepare la Virgen. La del Carmen, la Estrella de los Mares, patrona de los marinos. La de Loreto, de los aviadores. La Inmaculada Concepción, de los infantes. La del Pilar, patrona de España y de la Guardia Civil. Considérese arrestado el Cristo de la Buena Muerte, símbolo y consuelo de los legionarios. Y San Fernando, que aguarda con inquietud la orden de arresto en las unidades del Arma de Ingenieros. Arrestada inmediatamente en los cuarteles artilleros Santa Bárbara y en los de Caballería, Santiago. Sí, Santiago, el de Compostela, el Campo de las Estrellas, que a partir de ahora será conocido por Santiago de «Galiza» y en su manto peregrino de bronce se añadirá una pancarta con el mensaje de «Nunca Máis».

Ya pueden ir haciendo las maletas el Vicario General Castrense y los capellanes y sacerdotes de todas las unidades de nuestros Ejércitos, ya sean de Tierra, del Mar o del Aire. Con Dios, la Virgen y los santos arrestados, poco podrán hacer. Serán sustituidos por comisarios civiles, celosos vigilantes del laicismo militar. No llevarán uniforme, pero sí un brazalete que recordará a los militares, sea cual sea su categoría, que el comisario civil predomina sobre todos los uniformados, y que los generales están obligados a cumplir sus instrucciones sin rechistar. El que rechiste, el que proteste, el que desobedezca al comisario civil, será arrestado y expulsado de las Fuerzas Armadas. Prohibidos los himnos hasta que se adapten a las nuevas circunstancias. «Entonemos el himno sacrosanto / del deber, de la Patria y del honor», fuera. «Salve, Estrella de los Mares, de los mares iris», a corregir. Más aún cuando dice: «Salve, oh Fénix de Hermosura, Madre del Divino Amor.» Los caballeros se olvidarán de algunos versos de su himno: «Que si mueres, de Dios, recibirás la Gloria»... ¿Cómo van a recibir nuestros soldados de Caballería la Gloria de quien se encuentra en condición de arrestado? ¿Y la carta encontrada en el cuerpo sin vida del legionario? «Aquella carta decía / si algún día Dios te llama / para mí un puesto reclama / que a tu lado pronto iré.» ¿Cómo va a llamar Dios a alguien si está arrestado por orden del ministro de Defensa?

Y el problema es que ni Cristo, ni la Virgen del Carmen, ni la de Loreto, ni la del Pilar, ni la Inmaculada, ni Santiago tienen derecho al recurso. Lo que el señor ministro ordena, se cumple y a callar.

La Razón, *26 de agosto de 2006*

Pijo progre

De los convocantes a la manifestación batasuna de Bilbao, ocho han figurado en listas electorales vinculadas con la formación ilegalizada y proterrorista. Pero el juez Pedraz no ha constatado ningún vínculo objetivo que relacione la manifestación con Batasuna. Y la ha autorizado, como era de suponer, apoyado por el fiscal Pompidú y la Ertzaintza. No contento con ello, necesitado de mayor delicia, el juez Pedraz ha rechazado el débil recurso de la Fiscalía contra la excarcelación de dos etarras y los ha puesto en libertad. Los beneficiarios de la encantadora decisión del juez Pedraz son David Pla y Aitor Lorente, a quienes el Ministerio Público considera cooperadores necesarios del asesinato del senador del Partido Popular don Manuel Giménez Abad. El juez Pedraz se ha basado en sus «serias dudas» para abrir las puertas de la cárcel a este par de hijoputas.

El joven y apuesto juez Pedraz, al que la Policía llama —según el presidente del SUP—, «pijo progresista», es un personaje en verdad sorprendente. Cuando llega o se marcha de la Audiencia Nacional parece que viene o va a una cita con Colate y Paulina Rubio o a un concierto exclusivo de Manu Tenorio en beneficio de los abandonados caballos de Roca, de los que nadie se ha hecho cargo desde que su propietario fue forzosamente hospedado en el hotel menos apetecible de Alhaurín. Pedraz, que tiene aspecto —y muy bueno—, de llamarse Hohenloe —dignísimo apellido, por otra parte—, se dedica a interpretar las leyes con cierto tufillo de parcialidad a favor de los etarras, como lo demuestran las más sobresalientes actuaciones de su trayectoria judicial. A un juez hay que tenerle un alto respeto, pero en ocasiones también es legítimo sentir por él un cierto recelo de cercanía. Más aún, cuando la consecuencia inmediata de sus decisiones es la unánime participación de líderes batasunos en la manifestación autorizada. Hace años, en *ABC*, protesté de forma parecida por una lamentable autorización del juez Manuel Zorrilla —en aquella ocasión, autorizó la manifestación en contra de todas las instancias y se quemaron decenas de banderas de España—, y aún sigo empapelado por mi escrito, abandonado por el periódico en el que lo escribí y luchando en soledad contra la injusticia después de haber pactado el que era mi director y el juez Zorrilla matices y responsabilidades. Hay que tener mucho cuidado cuando se escribe de los jueces y los fiscales por el feroz corporativismo que demuestran los asociados a corrientes presumiblemente progresistas, que son los que me tocan siempre, miren qué casualidad. Así que, vestido de la prudencia que la experiencia me demanda, sólo me resta escribir que como miembro de la sociedad, de la ciudadanía, me asusta pensar en qué manos está la Justicia y en qué manos está la sociedad y la ciudadanía. Entre ellos se lo guisan y se lo comen. A callar los pacíficos, y los criminales y sus allegados, a gritar a la calle. Pues qué bien. Y espero que no sea delito opinar que el juez Pedraz tiene pinta de llevar el apellido Hohenloe, y de ser amigo de Colate.

La Razón, *27 de agosto de 2006*

El silencio del dictador

Fidel Castro no sólo ha desaparecido de la vida cubana. También lo ha hecho de los periódicos, los informativos de las televisiones y de las radios. «Si no hay noticias, buenas noticias.» En las dictaduras no es así. Si no hay noticias, malas noticias. Para los partidarios del dictador, claro está. El morbo del tirano moribundo se suavizó con la visita de Chávez al hospital. Allí estaba, con un aspecto atroz, enfundado en un chándal de tiempos de Juantorena. Habló y le gastó una broma al alumno venezolano, pero poco graciosa. Fidel Castro es un asesino, pero tiene cierta gracia personal, un humor caribe mezclado con la ironía brumosa de la Galicia de sus ancestros. He conocido a muchas personas, diametralmente opuestas a su cloaca política, que se han sentido fascinados por la personalidad de Castro. Ahí radica, quizá, la diferencia que se establece entre este dictador y el resto de sus colegas tiranos. El dictador acostumbra a ser bastante aburrido, muy metódico, poco apasionado y bastante trabajador. Hay que trabajar mucho para no perder el mejor puesto de trabajo. El dictador comunista suma al aburrimiento una insoportable dosis de dogmatismo esparcido en frases hechas y lugares comunes. Pero Castro tiene ingenio y talento, que son primos hermanos pero no la misma cosa. Figúrense a Llamazares de dictador. No necesitaría depurar a los disidentes. Se morirían de aburrimiento durante su primer discurso. Hubo otro dictador con sentido del humor, según sus biógrafos partidarios. Mussolini. Su yerno, en cambio, el conde Ciano, era un muro de arrogante tristeza. Le ponía los cuernos su mujer, pero a Ciano sólo le importaba quitarle poder a su suegro y mandar más que él. En una recepción en la embajada de España en Roma se topó con Agustín de Foxá, aquel gran escritor olvidado por la cultureta oficial. Foxá bebía un whisky detrás de otro, y Ciano le amonestó con esa impertinencia que sólo alcanzan los poderosos. —Foxá, a usted le va a matar el alcohol—; —Y a usted —replicó Foxá—, le va a matar Marcial Lalanda—. Dicen que cuando le contaron la salida de Foxá a Mussolini, hubo que administrarle un fármaco para que no se muriera de risa. A Ciano no le hizo gracia, y consiguió que Foxá fuera castigado por el Gobierno de Franco.

El humor y la dictadura sólo se unen excepcionalmente en algunos tiranos. Lo sorprendente es que dictadura y humor sí pueden caminar de la mano en la ciudadanía. He leído que el cuarenta y ocho por ciento de la «Cultura» española durante el franquismo, luchó contra el sistema. Mentira. La auténtica Cultura, con mayúscula, se adaptó al franquismo con gran facilidad. Y la «Cultura» del cine y las canciones, salvo excepciones, colaboró activamente con el orden establecido para sobrevivir, e incluso recibió subvenciones y prebendas. Ibáñez cantaba en París y Serrat se oponía en España, pero poco más. Gila, que al final iba de rojeras y que se marchó de España para instalarse en la dictadura militar argentina que lo trató muy bien, hizo reír a los invitados de Franco en La Granja de San Ildefonso muchos años. Y el gran crítico del franquismo fue el humor de *La Codorniz*, cuyos colaboradores y redactores pertenecían mayoritariamente a la derecha liberal.

Algo de esto sucede en Cuba. La izquierda menos dogmática carece de un medio libre para reírse de su propio fracaso, pero los chistes y cachondeos de Fidel y con Fidel, se adueñan de las calles habaneras y prenden como regueros de pólvora. Reírse de Fidel Castro y la llamada «revolución» es un delito, pero los cubanos saben que la pena, a partir de ahora, no puede ser larga. Y cuando un pueblo lleva decenios comprobando cómo sólo se ríe el dictador, estalla de sonrisas. En España se decían muchos chistes de Franco, y cuando le hacían gracia, era el propio Franco el que los contaba para poner en un aprieto a sus interlocutores. A don Antonio Garrigues le contó en una audiencia el de Dios y San Pedro. Dios, cariacontecido, le comentaba a San Pedro sus preocupaciones: «Pues nada, Pedro, que has dejado pasar al Cielo a un tal Franco, que se ha presentado ante Mí, me ha dicho que aquí no hay orden ni disciplina, y que me quiere nombrar Subsecretario.»

Me divirtió mucho la crónica de nuestro enviado especial Luis F. Villán. Nos ponía en La Habana, en los mentideros y corrillos que ya se atreven a contar chistes del moribundo. Fidel que se recupera y se encuentra con un niño. «Oye, niño, ¿sabes quién soy?» El niño responde que no, y muy enfadado, Fidel le impone un castigo. «En castigo por no reconocer al comandante Castro, ahora mismo tienes que decirme veinte palabras que empiecen con la letra "c", para que nunca te olvides de que mi apellido es Castro.» Y el niño, sin pensarlo dos veces, le dice: «Compañero comandante Castro, ¿cómo, cuándo carajo comeremos carne con cerveza Coronita como comen los "comemielda" comelones del Comité Central Comunista Cubano?» Fidel, asombrado, pero no derrotado, le dice: «Bien, niño, pero son diecinueve las palabras que has dicho, no veinte.» Y entonces el niño redondea el castigo y concluye: «¡Cabrón!»

Cuando un pueblo ríe a costa del tirano, las noticias son buenas. Está desapareciendo. Ya no es temido. Que no se quite el chándal.

La Razón, *29 de agosto de 2006*

Hinojosa

«Muerto de sed el viento / quedó ahogado en el mar.» Versos de José María Hinojosa. ¿Quién era Hinojosa? «El mar no es el mar, / el mar está hecho / de nieve y de viento.» De nuevo el mar e Hinojosa. ¿Quién era Hinojosa? El sureste. «Entre un bosque de tierras que surtieron del agua / paseé mis miradas y colgué en cada cima / un jirón de mi cuerpo ardiente, sobre el alba / de mares estrellados de un prodigio de islas.» Otra vez el mar e Hinojosa. ¿Quién era Hinojosa? «Acaricié países aún sin historia blanca, / donde el hombre y el árbol son hermanos menores, / dentro del laberinto de costumbres extrañas, / de las lluvias del sol, del mar y de las noches.» Y más de mar y más de Hinojosa. ¿Quién era Hinojosa?

Poeta surrealista, de perfiles altos, más grande que Bergamín, compañero de altura de Prados y Altolaguirre, amigo de Federico García Lorca, Dalí, Buñuel y Rafael Alberti. Comunista. Fundador, junto a Emilio Prados y Manolo Altolaguirre de *Litoral*, la revista de Poesía y Pensamiento que rescató en la década de los sesenta José María Amado. Malagueño. Volaba de mar en mar, de Benjamín Palencia a Miró, de Luis Cernuda a

Vicente Aleixandre. El sur. «Su cuerpo de ídolo negro / llevaba una flor de arena / prendida sobre su pecho.» ¿Quién era Hinojosa? Hinojosa fue un gran poeta. Militaba en la Izquierda. Republicano ardiente. Cuando la Segunda República se convirtió en una cochambre resentida, Hinojosa se apartó de la Poesía. No le gustó el espectáculo de las iglesias y los conventos ardiendo como teas. Se le antojó ridículo ver por las calles de Madrid al señorito Bergamín desgañitando audacias ajenas. Pero hablaba con Federico y éste le animaba a recuperar la Poesía. «Cerrad las puertas y dejadme paso, / que mi costado herido / viene manando lágrimas de frío.»

Setenta años. ¿Por qué nadie recuerda a Hinojosa? Setenta años atrás, Federico García Lorca caía en Viznar a manos de unos matones asesinos. Una Derecha que ya no existe lo asesinó. No por sus ideas políticas, que no eran del todo claras, como afirma su gran amigo Pepín Bello. Lo mataron por homosexual. Y llevamos pagando setenta años esa brutalidad todos los españoles. Maeztu y Muñoz-Seca cayeron asesinados por el Frente Popular. No lo hemos pagado tanto. Pero el asesinato de José María Hinojosa, el poeta del Veintisiete que huyó de la ilegal legalidad republicana no lo hemos pagado nada. Losa de olvido.

Hinojosa fue fusilado junto a su padre, su hermano y un familiar de Manolo Altolaguirre ante las tapias del cementerio de Málaga. Sus asesinos eran anarquistas. La Izquierda que disparaba asesinaba a la Izquierda que pensaba, o que soñaba, o que se arrepentía. Días después, aquella turba «luminosa y esperanzadora» —lo escribió un cursi hace pocos meses—, quemaba su biblioteca. Hace setenta años que lo mataron y setenta que lo olvidaron. Queden aquí mis palabras para decirle que aún vive. Al menos en mi biblioteca. «Mi voz, mi signo indescifrado, / no lo busquéis en el presente, / buscadlo en el pasado.»

Memoria Histórica.

La Razón, *3 de septiembre de 2006*

Insultante idiotez

El noventa por ciento de las tonterías protagonizadas por el alcalde de Madrid se las debe a su concejala de las Artes, Alicia Moreno. Todavía se comenta la iluminación «progre-laica» de Navidad, carísima por cierto, encomendada a una amiga de la concejala, con mensajes luminosos colgados de acera a acera de la Castellana. «Duda, Vagina, Debate, Salchichón», o «Invierno, Judías, Pene, Praxis». Estulticia cimera, gilipollez máxima. El alcalde de Madrid, inteligente y osado político del Partido Popular, nos conmueve en ocasiones con sus originalidades. Una de ellas, la de tener una concejala que no sólo no pertenece al partido político que la presentó, sino que abomina de ese partido político. Viene de los últimos eructos de la *Gauche Divine* barcelonesa, y nos regala los desperdicios de la subcultura nacionalista y aldeana que por allí abunda, y que por allí fracasa. Alicia Moreno es de las que oyen hablar de Mayo del 68 y todavía es capaz de cerrar los ojos con «intelectual» delicia. No he estado nunca en su casa, y menos aún en sus privados aposentos, pero conocida su originalidad, es muy probable que en la cabecera de su lecho tenga un póster del

Che Guevara, el mito desenmascarado de la majadería nacional.

El alcalde, como máxima autoridad de la Villa y Corte, manda en el Teatro Español, propiedad del Ayuntamiento. Tardó unos minutos en despedir a su anterior director, Gustavo Pérez-Puig, que rentabilizó el Español hasta el máximo posible, y lo mantuvo lleno de público durante más de un decenio. El Español no es un teatro experimental, sino clásico. Pérez-Puig estrenó a Pedro Salinas, a Alejandro Casona, a Buero Vallejo, y recuperó el gran teatro de humor de las llamadas por José López Rubio, «generaciones simpáticas del 98 y 27», con Muñoz-Seca, Mihura, Tono y Jardiel Poncela. Tuvo el Teatro lleno y el Ayuntamiento, por primera vez en su historia, recibió un cheque del Español con sus beneficios. Beneficios de taquilla, es decir, de la libertad de todos los aficionados al teatro de pagar por asistir. Su sustituto, Mario Gas, hijo de un buen cantante y hombre de teatro, también amigo de la concejala, ha hecho hasta el momento —y van tres años— bastante poco. Se puede entender que un alcalde considere que el director de un teatro de propiedad municipal necesite ser sustituido. Pero al sustituto hay que exigirle, al menos, lo mismo que al cesante. Y a Mario Gas, gran amigo de la concejala, no se le exije nada. Su mayor éxito fue la reposición de la ópera azarzuelada *Adiós a la bohemia* de don Pío Baroja y el maestro Sorozábal, conocida entre los empleados del Español como *Adiós a la taquilla*, porque los espectadores se contaron con los dedos de una mano, y sobraba el meñique.

Ahora nos sorprende el Teatro Español con un proyecto insultante. Y escribo que insultante porque su director nos insultó a todos los españoles en un programa de TV3 —*in video veritas*—, de forma precisa y clara. El director de lo que se pretende representar en el Español es un actor bastante malo llamado Rubianes, autor de las frases que se han tragado al unísono —o quizá por ellas ha sido premiado—, el alcalde de Madrid, la concejala de las Artes y el director del Teatro Español. «Ojalá se vaya a la mierda la puta España», y «hay que meterse a la puta España por el culo para ver si a los españoles les explotan los huevos». Y este individuo va a ser recompensado con ayudas y subvenciones por el Teatro Español.

Y claro, hora es decirle al señor alcalde que basta ya de estupideces. El Teatro Español no puede convertirse en el aula experimental de un mamarracho que ha insultado gravemente a España y a todos los españoles. El Teatro Español, aunque ello moleste a la concejala pija-progre de las Artes y al director que trabaja poco del Español, no puede albergar nada que pueda premiar económicamente a un grosero incoherente como es el actor gallego afincado en Cataluña. Si hay que mandar a la mierda a la puta España, y hay que meterse a la puta España por el culo para que les exploten los huevos a los españoles, ese tipo no tiene nada que hacer en el Teatro Español.

Si no me equivoco, la decisión del alcalde sobrevuela a las bobadas de la concejala de las Artes y del director del Teatro Español. Rubianes no puede cobrar del Ayuntamiento de Madrid ningún tipo de subvención y ayuda. Y el Ayuntamiento de Madrid no puede apoyar a un individuo, culturalmente desprovisto de prestigio y seriedad, que ha ofendido con tanta gravedad a España y a los españoles. El dinero para las artes y la cultura del Ayuntamiento de Madrid no está en buenas manos. Ni los proyectos. Ni las provocaciones. El alcalde tiene que reaccionar, o se bañará entre las heces de sus agradecidos colaboradores.

La Razón, 9 de septiembre de 2006

Rectificación

Rectificar es de sabios y el alcalde de Madrid no ha tardado en hacerlo. Ahora, por mucho que le duela, habría de cesar a su concejala de las Artes y al director del Teatro Español. Cesarlos o pedirles que dimitan, para suavizar la despedida. Han resultado divertidas algunas de las reacciones políticas. Carod-Rovira ha dicho algo, pero a mí ese personaje ya no me llama la atención y me aburre releer sus declaraciones. Las palabras más interesantes han nacido, como es habitual, de la boca de la señora ministra de Cultura. A la señora ministra, la cancelación del montaje teatral dirigido por Rubianes en el Teatro Español le ha preocupado porque «ella está siempre con la libertad de expresión». Esto no tiene nada que ver con la libertad de expresión. Nadie ha pedido que el texto fuera retocado o censurado. La libertad de expresión no ha sido atacada. Lo que se ha denunciado es que un Teatro municipal no puede contratar a un cómico de muy menguado bagaje cultural que se ha dedicado a insultar grave y groseramente a España y a los españoles. Y respecto al amor de la señora ministra de Cultura por la libertad de expresión, permítanme la licencia de la duda.

Años atrás, recién llegada al Ministerio de Cultura gracias al pavor gallináceo que se extendió por España como consecuencia del brutal atentado del 11 de marzo de 2004, la señora ministra se reunió con unos cuantos bandarras del llamado cine español para prometerles subvenciones y agradecerles sus campañas pancarteras y pegatineras. Y en aquella reunión, celebrada en mayo de ese mismo año en la sede del Ministerio de Cultura, unos cuantos representantes de nuestro cine —Elías Querejeta, Fernando Trueba, José Luis García Sánchez y Gerardo Herrero, entre otros— pidieron a la señora ministra mayor firmeza administrativa con los «intoxicadores» enemigos del cine, entre los que figuraba este servidor de ustedes junto a Jon Juarista y otros escritores ajenos al pesebre. Y dirigiéndose a Fernando Trueba, la señora ministra apuntó: «No te preocupes, Fernando. Dejádmelos a mí.» Escribí un artículo que no tuvo posibilidad de respuesta porque fue uno de los asistentes el encargado de contar los pormenores de la reunión, y una semana más tarde, el diputado del Partido Popular Ángel Acebes preguntó en la tribuna del Congreso de los Diputados a la señora ministra si se había producido tal reunión y eran verídicas las informaciones al respecto. Textualmente. «Usted, señora ministra, no tiene tiempo de hacer sus deberes, ocupada en otras conversaciones que debe aclarar sobre depuración de periodistas e intelectuales que no le son afines.» Y la señora ministra no tuvo otra opción que subirse por las ramas, escrito sea en sentido figurativo, poético y metafórico.

La libertad de expresión de la señora ministra consiste en obstaculizar hasta el ridículo que las personas del auténtico mundo de la Cultura no coincidentes con sus ideas hayan sido tachadas y eliminadas de cualquier acto dependiente de su Ministerio o de cuantos organismos dependen de la cartera de Cultura. Pero su sentido de la libertad de expresión se hiere, se queja y gime cuando a un energúmeno —que no a su obra—, que ha insultado gravemente a España y a los españoles se le cierran las puertas del Teatro Español. Como casi siempre, muy rarita la señora ministra.

La Razón, 10 de septiembre de 2006

Ronda

A última hora mi plan se vino abajo. Y no he podido estar en Ronda y en su goyesca, este año protagonizada por los dos hermanos Rivera Ordóñez. Francisco el padrino y Cayetano el toricantano. Allí siempre, volando de memoria en memoria, el perfil de su abuelo, Antonio Ordóñez Araujo, el más grande de los toreros que parió madre. Antonio toreaba para la música clásica, y cuando conseguía en el ruedo la armonía perfecta entre su muleta y la embestida del toro, aquel movimiento exigía a Beethoven o a Mozart más que un pasodoble. Bajo el albero rondeño, junto al portón de toriles, descansan una parte de las cenizas de Antonio. La otra mitad se esparció en los paisajes de la Camarga francesa. Hace años, Antonio y su yerno Francisco Rivera Paquirri daban la vuelta al ruedo de la Real Maestranza de Caballería de Ronda con dos niños tomados de la mano. Paquirri de la mano de Francisco y Antonio con Cayetano. Las cenizas se entierran o se esparcen, pero el alma sobrevive. Y hoy, los ánimos de Antonio Ordóñez y de Francisco Rivera, habrán visto hacer el paseíllo a esos dos niños que en aquel tiempo no sabían de su futuro.

Hoy se abrirá, cuando la noche alcance la serranía rondeña, el pozo entre tilos de San Cayetano, y volará entre los pinsapos de nuevo, un año más, la sombra de Orson Welles. Y Francisco y Cayetano derramarán en su memoria el contenido de una botella de vino de Rioja. Y estará presente el perfil de Antonio, el creador de la goyesca, el inventor de la fiesta alta de Ronda, a la que entregó todo su amor y todo su arte durante décadas. Coches de caballos, bandoleros a las riendas, mantas, cintas, zahones y trabucos, pañuelos y sombreros, Pedro Romero en sueños y «tragabuches» asomándose desde el tajo de los Gaitanes. Versos de Gerardo Diego, y de Rafael Alberti, y de José María Pemán, y de Pemartín, y de Fernando Villalón, aquel poeta de las marismas, conde de Miraflores de los Ángeles, ganadero arruinado por rescatar el toro puro de Tartesos, con su bravura indomable escondida en la mirada de sus ojos verdes. «Plaza de piedra de Ronda, / la de los toreros machos. / Pide tu balconería / Una Carmen cada palco, / un Romero cada toro, / un maestrante a caballo, / y dos bandidos que pidan / la llave con sus retacos. / Plaza de piedra de Ronda, / la de los toreros machos.» Y en el puente de los vértigos, el que supera el río hacia las piedras antiguas y colgadas de los Salvatierra, la mirada de Rilke.

Tenía Antonio, en el septiembre de su última goyesca, calva la cabeza. Órdenes implacables de la quimioterapia. En el callejón, con él y el doctor Hornedo, tuve la suerte de ver la corrida. Y durante la cena, en San Cayetano, sin drama ni tragedia, adivinando la llamada de la muerte, depositó en su nieto Francisco la responsabilidad de la goyesca. Después, ya paseado Orson Welles por la cuerda de la serranía, habló de toros y de recuerdos. Aquella tarde de naranja y plata en el Chofre de San Sebastián, que hasta Vicente Zabala, tan bienvenidista, agradeció levantado en su tendido, aplaudiendo durante las dos vueltas al ruedo que el público le obligó. Y la anécdota. Ahí, en los aledaños de la Real Maestranza, a una mirada del monumento de su padre, El Niño de la Palma, se inauguró el suyo. Al descubrirse, todos los presentes festejaron la obra escultórica, excepto Antonio. En ella aparecía el maestro marchándose del toro con garbo y chulería, capote en el suelo y el toro, asombrado. Y mandó Antonio que le quitaran el toro de bronce. «No quiero darle la espalda a un toro después de muerto. Bastante se la he dado en vida. Ese toro que desaparezca.» Y desapareció. Y hoy su garbo y chulería sólo le da la espalda al aire de Ronda.

El padrinazgo de Francisco y la alternativa de Cayetano han revuelto este año la agonía de la temporada taurina. En Ronda, Francisco y Cayetano, más que los hijos de Paquirri son los nietos de Antonio, y los biznietos de El Niño de la Palma. Los que saben, hablan y no paran de los parecidos estéticos de Cayetano con los del abuelo. Brindarán al cielo con los últimos vencejos del año. Y a sus amores, que no se entiende al torero que no regale su arte al amor de una mujer, como en los versos de Alfonso Camyn. «Si yo fuera torero / brindaría por ti de esta manera: / Por la mujer que quiero; / por esa majestad y maravilla / de luna, de mujer y primavera, / que abraza con los ojos la mantilla / y aroma como un nardo la barrera. / Por la que tiembla cuando sale el toro, / estruja entre sus manos los claveles, / lleva al pecho palomas en azoro / y se le anida al corazón, la pena; / Prefiere mi quietud a mis laureles, / ni escucha los aplausos en la arena; / Y al acabar la fiesta, cuando pasa / primaveral y airosa entre la gente, / lleva desde el tendido hasta la casa, /

los labios de reír como una fuente, / los ojos de llorar, como una brasa...»

Con la mirada de Antonio entre las nubes, brinde Francisco la poesía a Blanca, y Cayetano al amor que hoy sienta. Y que Ronda, un año más, luz y lágrimas, se ilumine en el arte de los nietos para recordar la ausencia de Antonio Ordóñez.

La Razón, *12 de septiembre de 2006*

Bon Soir

Royalmente interesant la charle, l'interchange de paroles entre le president espagnol Rodrigues-Chausseur et le Chef D'Etat français, monsieur Chirac. Enorme source de simpatie d'ambes mandataires. Le grand dirigente espagnol, avec sa capacité parlant, expliqué a son amí Chirac la situatión actuelle de le procés de paix avec les terroristes de Eta, la firme posture espagnole respect les cayuques de Senegal, la alineation de L'Espagne avec L'Irán y sa bombe atomique, y beaucoup de chosses plus tontes. Le president Rodrigues-Chausseur, secon le gabinet de Chirac, a eté sincére, precís, serieus et cachonde, a le même temp.

Le procés de paix va comme un tir. A toute lait, a toute pastille. En signal de merci, les terroristes de la rue basque, tres gentiles, a pleine lumiere de jour et avec une grande maestríe, provoquait un incendie dans un autobus a Saint-Sebastien. Jours avant, un terroriste plus arrepentí, le fit la promése a le president de une salle de la Audience Nationelle de coupé ses oeufs, que en sentí metaphorique signifique les coujons, les atributes masculines, et après, cassé sa nuque avec trois o quatre dispares de pistole. —Bien, bien—, dit Chirac, completement asombré.

La firme posture espagnole dans l'affaire de la immigration clandestine et les cayuques de Senegal, fut le centre de les minutes suivants. Monsieur Rodrigues-Chausseur le expliqué a Chirac que non est preocupant la avalanche de cayuques a les isles Canarias, et que les protestes sont arguments de la Droite franquiste espagnole. Que son ministre de Travail, monsieur Caldera —en françáis, Chaudronnée-, le ha prometí expulser de l'Espagne a toutes les immigrants sans papiers. —Bien, bien—, dit Chirac completement asombré.

Respect a la bombe atomique de la democratique, pacifique et tolerant Republique de Iran, le president Rodrigues-Chausseur no se promenais par les rames. Rien de rien. Directe et definitif. L'Espagne est decide a que triomphe la Aliance de Civilisations, et considere primordiale que si les americains, les britaniques, les françáis, et les ruses il y avait la bombe atomique, le même droite ampáre a Irán, la Cube de Castre, la Venezuéle de Chavés, la Bolivie de Morales, et la organization international de Osama Ben Laden. Toutes moins Israel, la grande enemié de hizbulá et la Palestine, que sont beaucoup amis de le Partit Socialiste rien Ouvrière Espagnol. —Bien, bien—, dit Chirac absolutement avec des oeufs de cravatte.

Posteriórment, on a parlé de les nationalismes. Aucune preocupatión. Tout va comme la séde. La region de la Catalogne est controlée. La region de les Terres Basques, est controlée. La region de la Galice —except le feu et les incendies—, est completment controlée. La unique region dangereuse pour la unité de Espagne est Madrid, et aussi Valence, Murcie, et la Castille-Lion, en mains de les enemies de le procès et de le progresisme. —Bien, bien—, dit Chirac avec ganes de finir la charle.

Et une derniere chose. La grande notice. Dans la prochaine reunión des socialistes, le acteur Bardem, le chanteur Victor Emmanuel et la periodiste Àngels Barceló il y la journaliste de vote. —Bon soir, tonte, plus que tonte—, dit Chirac aterroricé.

La Razón, *17 de septiembre de 2006*

Calles perseguidas

Los socialistas del Ayuntamiento de Madrid se han propuesto cambiar el nombre de 360 calles de la Villa y Corte. Un tal Óscar Iglesias —¿por qué no se cambia el apellido?— es el cabecilla de la cosa. Le apoya el secretario general de las Juventudes Socialistas de Madrid, que también se llama Óscar, histórica casualidad. Dicen estos sectarios que son nombres del callejero franquista y forman un «legado de horror, sangre y violencia». Lo que se han callado es que una buena parte de los nombres que quieren expulsar del callejero pertenecieron a españoles que sufrieron el horror, derramaron su sangre y murieron con violencia a manos de socialistas y comunistas. Se da por hecho que entre los nombres elegidos están los de ilustres militares. Es un problema de formación. Siguen en eso, tan antiguo y aburrido. Pero sorprenden más otros objetivos.

Entre los condenados a pasar al olvido en el callejero de Madrid está Pedro Muñoz-Seca, autor teatral que estrenó más de 200 comedias en Madrid, entre ellas *La venganza de don Mendo*, la obra más representada del teatro español junto al *Tenorio* de Zorrilla. Muñoz-Seca murió asesinado por el Frente Popular el 28 de noviembre de 1936. No le dieron tiempo ni para elegir entre ser franquista o no serlo. Pretenden eliminar la calle de Ramiro de Maeztu, embajador de España y miembro de la Real Academia Española. Murió asesinado, después de ser detenido por las legales Fuerzas de Orden Público, en las tapias del cementerio de Aravaca. Han sentenciado al olvido y desean borrar el nombre a la calle de José María Pemán, poeta y escritor monárquico, presidente del Consejo Privado del Conde de Barcelona, probablemente el gran articulista de una larga época, autor de Teatro, ensayista y merecedor, en las postrimerías de su vida, ya con sus servicios a España y a la libertad cumplidos, del Toisón de Oro que le concedió el Rey. Y, por supuesto, piden borrar el nombre de Agustín de Foxá, portentoso escritor, autor de *Madrid de corte a checa*, la novela escrita en plena Guerra Civil desde el lado nacional cuyo valor literario no niegan ni sus mayores adversarios. Poeta y diplomático, también autor de Teatro, y hacedor de *La melancolía del desaparecer*, un poema insuperable escrito en la antesala de la muerte. Quieren quitar del callejero de Madrid a distintos alcaldes de la capital, alguno de ellos elegido en tiempos republicanos. A Serrano Jover, José Martínez de Velasco, asesinado en la cárcel Modelo; Alberto Alcocer, al conde de Vallelano, también ministro y presidente de la Cruz Roja; José Finat, conde de Mayalde, embajador de España y alcalde de Madrid durante dos períodos, que destacaron por la honestidad en su gestión. El conde Santa Marta de Babio, también alcalde de la capital de España. En resumen, que la venganza de estos indocumentados quiere borrar de las calles de Madrid a los que fueron alcaldes de Madrid.

Poca defensa tiene la calle que recuerda a los hermanos García Noblejas. Cuatro de ellos, Jesús, Ramón, José y Salvador murieron en el frente durante la Guerra Civil. El quinto hermano, Javier, en Rusia. El padre de los cinco, Salvador García Noblejas, cayó asesinado en Paracuellos. Y hablando de Paracuellos, también han solicitado eliminar la calle Mártires de Paracuellos, que recuerda a los más de siete mil inocentes que fueron asesinados en aquel lugar, siendo el responsable de sus vidas y sus «traslados» Santiago Carrillo. Resulta obvio que entre las 360 calles destinadas a cambiar su nombre por caprichito del resentimiento del Grupo Socialista en el Ayuntamiento figure la de José Calvo-Sotelo, asesinado por el Gobierno Legal de la República, detenido por la Guardia de Asalto en su propia casa y abatido de un disparo en la nuca en una camioneta de la Dirección General de Seguridad. Su asesinato fue uno de los detonantes de la Guerra Civil. Y la del arquitecto López Otero, uno de los artífices de la Ciudad Universitaria de Madrid. Y la del arquitecto Pedro Muguruza, que reconstruyó el destruido monumento al Sagrado Corazón en el Cerro de los Ángeles. Y a las calles del *Crucero 25 de Mayo* y del *Torpedero Tucumán*, dos buques de la Armada argentina que rescataron y salvaron a 2.000 huidos y perseguidos de la República. Y así, una después de otra, hasta trescientas sesenta.

No se puede concebir peor instinto ciudadano que el de estos ignaros sectarios y resentidos. Desprecio a los inocentes, desprecio a los que sufrieron, desprecio a los que destacaron y desprecio a los que murieron. El espíritu de la transición y de la reconciliación, a la basura. A ellos les gusta más la revelación de Dolores Ibárruri a Félix Schlayer. «Esto no se arreglará hasta que media España aniquile a la otra mitad.» Muy pacifista y moderno. Ahora le toca el turno a las calles. Alzheimer histórico.

La Razón, *19 de septiembre de 2006*

El inglés de Sarkozy

El Rey no dominaba el inglés en su juventud. Hablaba perfectamente el español, el francés y el portugués. Durante una corta estancia en Londres de los Condes de Barcelona y el entonces Príncipe de Asturias, fueron invitados a comer en el Palacio de Buckingham por la Reina de Inglaterra. Don Juan pidió a Isabel II que se dirigiera a Don Juan Carlos sólo en inglés. Lo pasó mal el Príncipe durante la comida y aprendió la lección paterna. A los pocos meses, Don Juan Carlos dominaba el inglés a la perfección. Por suerte o por desgracia, fuera de nuestras fronteras, el inglés es el idioma de la diplomacia y las relaciones internacionales, aunque los españoles tengamos la fortuna de nuestro idioma común desde Florida y California hasta la Tierra del Fuego. El francés era el idioma de los cultos, y el oficial en la Corte de los Zares. Pero en la actualidad es una riquísima lengua en recesión. Sarkozy lo sabe, y para acudir a visitar al presidente Bush ha estudiado una hora de inglés al día. Nuestro presidente no lo hace por dos motivos. El primero, porque Bush no lo recibe, y el segundo, porque para entenderse con Chávez, Castro y Evo Morales, que son sus pilares en el exterior, no necesita hablar en inglés. Sarkozy ha hablado con el presidente de Estados Unidos, y no ha mostrado ningún complejo. «Aunque me suponga muchas críticas en Francia, reivindico mi amistad con Estados Unidos.» En todas partes cuecen habas, y las críticas en Francia provienen de los vetustos y anquilosados socialismo y comunismo franceses, que en ese aspecto son igual de tontos que los nuestros. Chirac jugó a emperador con Bush y al poco tiempo tuvo la inteligencia de cambiar su uniforme por el de sargento. Estados Unidos es todo lo bueno y lo malo que se dice por ahí, pero también la máxima garantía de la libertad. Sarkozy ha entendido que no se puede hacer una política seria a espaldas de Estados Unidos o frente a Estados Unidos. Y se ha adelantado. La suerte que tienen franceses es que su probable candidata socialista Ségolène Royal opina en ese aspecto lo mismo que Sarkozy porque el socialismo y la estupidez no son consustanciales en las mentes cultas y desarrolladas.

Mientras Sarkozy habla en inglés con Bush, nuestro Bernardino León, el segundo de Exteriores, pulula por La Habana con los dirigentes de las naciones No Alineadas. Clamorosa falsedad por cuanto están alineadísimas en el bando de la tiranía y el odio a las democracias occidentales. Es decir, en la confrontación con Estados Unidos y las libertades del mundo, de las que disfruta España aunque algunos se esfuercen por sacarnos de tan agradable situación. Bernardino León, que sabe inglés por su condición de diplomático, ha tenido la oportunidad de demostrarlo cuando saludó en nombre de Zapatero al presidente de Irán y le trasladó el apoyo del Gobierno de España a sus proyectos atómicos. Porque Zapatero con el inglés es como Beckham con el español, que le preguntan si está bien y responde que, efectivamente, en otoño los días se acortan.

Un dirigente sin complejos es lo más saludable que puede tener una nación democrática. Sarkozy no los tiene. Ségolène Royal, tampoco. Siento envidia sana de los franceses, a pesar de lo mal que me caen.

La Razón, 20 de septiembre de 2006

Nada compungido

No me siento nada compungido con las palabras del Papa. Me siento bien representado. ¿Qué ha dicho Benedicto XVI para que estalle la violencia más salvaje en el ánimo del islamismo radical? Precisamente eso. Que la violencia en nombre de Dios no puede tolerarse. Ni el terrorismo. Ni la barbarie. Buen ejemplo de la Alianza de Civilizaciones. Contra la palabra, el salvajismo histérico. El siglo XXI amenazado y cohibido ante el siglo VIII. Al Santo Padre de la claridad y el pensamiento no se le permite hablar. Europa, atemorizada. Los intelectuales, acoquinados. No los valientes. Aquí tenemos a algunos de ellos. Albiac, Arístegui, Vidal y demás objetivos de los imanes incendiarios. Fenomenal lío diplomático. La Iglesia, también tímida en su reacción. Turquía demostrando que no puede ser Europa. Mohamed VI encabritado en nombre de sus creyentes sometidos. De los que le quedan, porque una buena parte de ellos nos han invadido por el sur, como en el 711, para alegría y gozo de Cebrián. Firmeza y valentía. Somos miles de millones las personas que, o bien desde la fe, o bien desde la aceptación del cristianismo, queremos vivir en paz en nuestro siglo y en nuestra época. La mera contemplación de las fotografías que muestran la iracundia islámica produce pavor. El mismo histerismo —en aquellos casos, gozoso— con el que se celebraron los crímenes masivos de Nueva York, de Bali, de Madrid y de Londres. La violencia no sólo está en la muerte, sino también en el gesto, en la extensión de la ira, en la ignorancia manejada, en la peor interpretación del profeta Mahoma. Todo el mundo pendiente de unas caricaturas inocentes y ahora de unas palabras sabias y precisas. A matar y callar a los infieles que no aceptan sus creencias. Lo escribía Gabriel Albiac, filósofo ateo cuyo talento honra nuestras páginas. «Hay creencias con las cuales es posible convivir sin riesgo; y otras en las cuales está condenado a muerte —el filósofo—. En nuestro hoy, judaísmo y cristianismo pertenecen al primer género. Islam, al segundo.» Eso lo sabemos todos, pero muy pocos se atreven a denunciarlo y recordarlo.

El papa Benedicto XVI no tiene que sentirse compungido, ni arrepentido. Los que han deformado la intención de sus palabras detuvieron su progreso en el siglo X. Podemos sentir miedo físico por los ataques del siglo X, pero no temor intelectual. Menos aún desde los valores del humanismo cristiano. La brutalidad religiosa es algo que no nos pertenece desde siglos atrás. Lo que no es nuestro no tiene por qué amedrentarnos ni someternos. Pero el sometimiento de las sociedades pacíficas se está llevando a cabo mediante argucias perfectamente organizadas e irresponsablemente admitidas por muchos dirigentes occidentales, entre ellos, el nuestro. Pero ese problema, gravísimo, es político. La reacción del fundamentalismo islámico —no me refiero al islam en general— por las palabras del Papa confirman el valor y la oportunidad de esas palabras. Su Santidad tiene que estar tranquilo, no compungido. La voz contra la violencia. El perdón contra la venganza. La serenidad contra la ira. La venda contra la herida y el amor contra la muerte. La música contra el alfanje y la piedra de las lapidaciones. Todo eso.

La Razón, *22 de septiembre de 2006*

Las modelos

Ha dicho Bimba Bosé, que es una mujer prodigiosa, que las modelos han sido siempre altas y delgadas. Tiene toda la razón. Pero no altas y esqueléticas. Jamás en mi vida he asistido a un desfile de moda, y no puedo considerarme un experto. Por otra parte, y con toda franqueza, recelo de los varones que van a esos acontecimientos de igual modo que de los hombres que elogian las cortinas de una casa. A mi edad no puedo cambiar. Pero vamos con los esqueletos.

Se supone que los vestidos diseñados por los modistas que muestran las modelos en las pasarelas tienen como objetivo vestir a las mujeres. De ahí que considere muy razonable y acertada la medida de obligar a que esos diseños sean mostrados por mujeres con una masa corporal envidiable y suficiente. En reportajes televisivos he reparado, años atrás, en que, en las sociedades ricas y desarrolladas, las mujeres que se ponen los trapos de los modistas eran proporcionalmente más delgadas cuanto más potente en su economía era la sociedad. A los hombres en general nos gustan las mujeres altas y delgadas, como Bimba Bosé, pero huimos de los esqueletos. Bastante futuro de esqueleto tenemos como para compartir nuestras pasiones con osamentas martirizadas. Y todo ello concluye en una teoría que puede resultar provocadora. A los modistas les gustan menos las mujeres que a los bomberos. Los modistas han creado un tipo de mujer que sirve exclusivamente a sus fines pero que no forma parte de la normalidad. Y esa peligrosa desviación ha llevado a muchísimas jóvenes a sacrificar su cuerpo para alcanzar la posibilidad de ser algún día modelo de pasarela. Un sacrificio que puede terminar en esa terrible realidad que conocemos por anorexia.

Los modistas —ahora les dicen modistos— y las modistas tendrían que esforzarse por acercar sus ingenios a todas las mujeres. Las españolas han mejorado mucho físicamente en las últimas generaciones. La moda es arte, negocio e industria, y tiene la obligación de abrirse a todas las posibilidades sin causar perjuicios innecesarios. Es lógico que sea la belleza la portadora de la moda, siempre que la belleza no se someta a caprichos personales que lleven a la destrucción de la modelo. Al fin y al cabo, la belleza y la fealdad, la división entre guapos y feos es la lucha de clases por excelencia. Pero las feas tienen también derecho a ser vestidas por los modistas y diseñadores, y éstos habrían de abandonar su obsesión por lucir sus creaciones mediante espárragos en trance de volatilización.

No es fácil encontrar mujeres con las medidas que se exigen para ser modelos. ¿Significa ello que esos diseños sólo pueden ser llevados por ese tipo excepcional de mujeres? En ese caso, ¿dónde está la industria y el negocio? La prohibición de participar en la Pasarela Cibeles a mujeres excesivamente delgadas puede ser el primer paso de un camino más abierto y humano en el mundo de la moda. El éxito de los modistas no se puede reducir al aplauso que cierra el desfile de sus creaciones. El triunfo de los modistas y diseñadores es encontrar por la calle a mujeres que se visten como ellos han pensado. Y eso no sucede. Hay mucho de falso e innecesario en ese ambiente de la moda. Las modelos con algún kilo de más llaman a la puerta. Y los modistas tienen que abrirla. Los esqueletos que se rellenen.

La Razón, *24 de septiembre de 2006*

Ay, Portugal

Nuestros nietos pueden vivir la unificación. Me ha interesado mucho el trabajo firmado por Cristina Garrido, en el que nos informa de que casi el treinta por ciento de los portugueses verían con buenos ojos la unión con España. Conociendo Portugal y a los portugueses no adivino, por ahora, ese lógico abrazo que es un rincón frustrado de nuestra historia común. Portugal es un grandísimo-pequeño país rebosante de orgullo. Su pasado en la mar es tan grandioso como el de España. Portugal descubrió y colonizó, y abrió por los océanos la ruta de la seda y el comercio con Asia. En América, Brasil, con su Río de Enero —Río do Janeiro—, como joya de la Corona. España no ha sabido tratar a Portugal con la cortesía y la admiración que merece. Visto el mapa, la capital del posible Reino o Estado unificado no podría ser otra que Lisboa, la puerta natural de Europa desde América. El imperio portugués se extendió por África y Asia, y lo mantuvo más tiempo que España. Lisboa ha sido la Metrópoli hasta pocas décadas atrás. Angola, Mozambique y la Guinea portuguesa. Ellos, los portugueses, fueron los primeros en desembarcar en lo que ahora se llama África del Sur. Y ellos bautizaron desde el heroísmo de la esperanza, el gran cabo que regala el continente africano a la inmensidad del mar, el cabo de Buena Esperanza. Toparon con una pequeña población de bosquimanos y se adentraron hasta Natal, la tierra de los zulúes. Después pasó lo de casi siempre. Que los holandeses y los ingleses aprovecharon la información y se plantaron allí. En Asia, Macao y Timor, e infinidad de islas del Pacífico, que poco a poco también les birlaron los ingleses como Tristán da Cunha, que ya me dirán ustedes lo que tiene de inglés Tristán da Cunha. Portugal es un admirable país educado y culto, que huyó de las autonomías y las secesiones, que carece de nacionalismos egoístas y que supo sobreponerse a la pérdida de sus riquísimas colonias —hoy, arruinadas por guerras interminables y administraciones nefastas— y a la llamada Revolución de los Claveles, que no dejó regueros de sangre sino de futuro, y que superó sus iniciales pasos marxistas hasta desembocar, como el Tajo en el Atlántico, en una democracia admirable. Y ahí también se adelantó a España.

En su economía y riqueza, Portugal es inferior a España, y exceptuando a nuestros paletos nacionalistas vascos, catalanes y gallegos, el mundo se dirige hacia la unión de las fuerzas. No están acostumbrados los portugueses a compartir su soberanía con reductos que pretenden establecer anacrónicas diferencias entre sus pueblos, y harían bien en pensarse su irrupción en el caos de la insolidaridad y la singularidad que es España. Pero me figuro, y es de esperar, que el día que madure la posibilidad del abrazo, Cataluña y el País Vasco, principalmente, habrán remansado sus apetencias aldeanas en beneficio del desarrollo económico que proporciona la unidad de lo que siempre estuvo unido.

Portugal es la nación del buen gusto, la armonía, la educación y la melancolía. Existen encinas centenarias que marcan la frontera política, que no la natural. Medio árbol es Portugal y la otra mitad, España. Y ellos son infinitamente más hábiles, o están mejor dotados, para hablar el español que nosotros para comprender y pronunciar el portugués. En Portugal, nación que he visitado y disfrutado en centenares de ocasiones, siempre me he sentido en mi casa. En una casa con un acento más cerrado, pero con los mismos olores, sensaciones y paisajes que los de España. Y todavía queda, lógico y normal, una acusada desconfianza entre los portugueses por España, sus actitudes y el comportamiento de los españoles.

Resulta curioso y aleccionador que, mientras aquí, una considerable fuerza de ignaros y nescientes defienden la implantación de un sistema republicano —Portugal es una República—, la mayoría de los portugueses aceptaría de buen grado una Monarquía Parlamentaria y a Don Juan Carlos como Rey. Es decir, la moderación del poder arbitral frente a la involucración del poder partidista en la jefatura del Estado. No en vano, el Rey es bastante portugués, porque allí vivió el exilio junto a sus padres y hermanos, y nunca los años felices de la infancia y la juventud se olvidan. Los mejores amigos del Rey son portugueses, y allí se le trata como a uno de los suyos.

Es un sueño, pero gusta soñarlo. Sin diferencias ni preponderancias, un Estado común compuesto por España y Portugal, la península Ibérica. ¿Cómo se llamaría? ¿Tendría España el privilegio del nombre a cambio de la capitalidad? Todo son conjeturas y esperanzas hermosas. Lo que no puede dudarse es que la Capital de ese sueño que empieza a ser reconocido por muchos españoles y portugueses tendría que ser la ciudad que mejor representa la vocación sin horizontes de ambas naciones. Y esa ciudad es Lisboa, la maravilla que ve morir al Tajo antes de convertirse en el océano compartido.

La Razón, *26 de septiembre de 2006*

La oportuna

El millonario americano Delphin Croswell viajaba en su avión particular desde Nueva York a San Francisco. A una hora de vuelo de la segunda ciudad se detuvo el reactor izquierdo de la aeronave. El avión se sacudió. Tres minutos después, el segundo reactor experimentó el contagio y el avión se precipitó hacia su lugar natural, que no es otro que el suelo. En ese instante de terror, su azafata, la señorita Rose Mary Bullock se acomodó a su lado y le dijo: «En Navidad necesito siete días de vacaciones porque tengo que visitar a mis sobrinos, que viven en Anchorage.» El avión aterrizó milagrosamente en San Francisco, pero Rose Mary Bullock fue despedida por inoportuna.

Después de una estancia de seis meses en Afganistán, el teniente del Ejército italiano Bruno Lombardi fue repatriado con todos los honores. Honores y ansias, ya que el teniente se había casado siete meses atrás con la modelo Mónica Grapinni, que estaba buenísima. Tras los abrazos y besos de rigor, el teniente Lombardi y la modelo Grapinni se introdujeron en su habitáculo para proceder al fornicio y la orgasmía. En plena operación se abrió la puerta del cuarto y entró el sobrino preferido del teniente anunciando que había aprobado las matemáticas. El sobrino fue enviado a un colegio interno de la Alta Saboya sin permisos de fin de semana

Lloraba Ludmila Semionova ante el cadáver de su esposo, Oleg Bodokyn, que había sido atropellado por un tranvía en San Petersburgo. Bodokyn era pintor de *matrioshkas* y le iba muy bien. Semionova amaba a su marido. Su llanto se interrumpió cuando el hijo de ambos, Alexis, puso la mano sobre su hombro y le hizo el siguiente comentario: «Mamá, Ilianov, el pívot del Spartak de Moscú se separa de su mujer Tatiana Stamasieva.» El hijo fue expulsado y aún no ha vuelto al hogar.

La cómica Pilar Bardem necesitaba salir en los periódicos y acumular méritos para las futuras subvenciones del cine. Y se fue a San Sebastián, donde se celebraba el Festival Internacional de Cine. Acompañada de su amiga, la abogada de Batasuna, Jone Goricelaya, leyó emocionada un bello manifiesto en apoyo del «proceso de Paz» impulsado por Zapatero. Se sentía arropada por otras actrices bastante malas, como ella, y por políticos de su cuerdecilla. Y su voz tembló cuando dijo: «Para que no se frustre y para hacer posible el camino que tantas veces se ha negado por aquellos que no quieren que tenga solución.» ¿Quiénes eran los que no quieren que tenga solución a los que se refirió la Bardem?

Simultáneamente, y mientras la actriz oficial hablaba en San Sebastián, en Oyarzun, a pocos kilómetros de la ciudad donostiarra, en un acto campero organizado por las huestes de Goricelaya, irrumpieron entre ovaciones tres apuestos encapuchados de la ETA, dos de ellos armados y el tercero con un papel que leyó a la entusiasta concurrencia. «La lucha no es el pasado, sino el presente y el futuro, y confirmamos el compromiso de seguir luchando firmemente, con las armas en la mano, hasta conseguir la independencia y el socialismo en Euskal Herría. ¡Tenemos la sangre preparada para darla por ella!» Pronunciada tan vibrante alocución, dos de los encapuchados hicieron siete disparos al aire, de entrenamiento.

Propongo para los próximos Goya, el premio a la Oportunidad para Pilar Bardem.

La Razón, 29 de septiembre de 2006

Entrada gratuita

La ministra Calvo ha prometido a los de la «excepción cultural», es decir, a los chulos del sistema que se esconden en el supuesto cine español, toda suerte de ayudas y subvenciones con el dinero público. Leo la crítica de Carlos Pumares escrita en San Sebastián acerca de la película española *Las vidas de Celia*, de un tal Antonio Chavarrías y protagonizada por Najwa Nimri y el inevitable Luis Tosar, el de «Nunca Máis». La crítica de Pumares es casi tan breve como la teatral que le dedicó en *ABC* Gonzalo Torrente Ballester a una comedia de Julia Maura. «Este periódico me ha contratado para hacer crítica de Teatro, y como lo que se estrenó ayer nada tiene que ver con el Teatro, lo único que me resta es terminar y firmar esta nota.» Escueta crítica. Escribe Pumares que lo único que le interesa saber es el nombre de los funcionarios que han concedido dinero público para producir *Las vidas de Celia*, con el objeto de que devuelvan simbólicamente el dinero público malgastado. El nombre de los implicados en el derroche de nuestro dinero no lo sabremos nunca, pero sí el de la ministra que ha prometido —y cumple con su promesa— mantener con el dinero de todos los españoles a una banda de pesebristas sin pizca de talento. Carmen Calvo.

El público no va a ver Cine español porque es muy malo, sencillamente. Y no lo hace porque además les cobran las entradas en la taquilla cuando ya han pagado previamente. Gabriel Albiac, siempre certero, ha tenido una nueva y luminosa idea. Que los contribuyentes entren gratis en las salas en las que se proyectan películas españolas siempre que quieran y muestren la copia de la declaración de la renta de personas físicas. ¿Por qué van a pagar los contribuyentes dos veces por la misma cosa? En este caso no hay casillero ni apartado para especificar la voluntariedad de destino de una parte del dinero que se paga a Hacienda. Nos lo quitan y se lo dan a los del cine sin nuestro consentimiento. De ahí que la entrada para ver cuantas películas españolas subvencionadas se produzcan en nuestro país ya la hemos abonado con generosidad. Claro, que ni con la idea de Gabriel Albiac se llenarían nuestros cines, auténticas bóvedas de aburrimientos, tostones, reiteraciones, sobreactuaciones y vulgaridades. Es más, algunos —como el que firma— prefieren que le quiten una parte de sus impuestos para dárselo a estos progres repetitivos antes que sentarse en una butaca de platea para ver un coñazo mal hecho, mal dirigido y mal interpretado. Para aburrirse, mejor no salir de casa

¿Tenemos derecho los españoles y demás contribuyentes a conocer las cifras que regalamos obligatoriamente a los del cine? Me figuro que el ministerio de Carmen Calvo tendrá un contable, al menos, que haga constar las cantidades que se entregan para producir esas películas que después no ve casi nadie. Derecho a saber si todo el dinero de los españoles que se entrega a los enchufados de la ministra de Cultura se invierte íntegramente en las películas o existen desviaciones hacia los bolsillos de determinados receptores en forma de parcelitas, chalés y barbacoas. Derecho a saber qué se hace con nuestro dinero y a quién le cae del cielo ministerial nuestro dinero. Y en último caso, derecho a ver gratis el cine español subvencionado acreditando nuestra condición de subvencionadores. No se pide nada del otro mundo.

La Razón, *30 de septiembre de 2006*

En Guecho

El Ejército puede hacer maniobras militares en todo el territorio de España. Aunque Zarraoa, el alcalde nacionalista de Guecho se resista a admitirlo, esa localidad vizcaína es España, y la playa de Ereaga es España, y un gran porcentaje de los vecinos de Guecho se sienten españoles, y la parte que no se siente española lo es también, incluido el señor alcalde. Prueba de ello es el recibimiento que muchos ciudadanos de Guecho dispensaron a los paracaidistas de la brigada Almogávares VI con base en Alcalá de Henares que tomaron tierra en la playa de Ereaga mientras una docenita de *gudaris* de pitiminí protestaban contra la exhibición mostrando unas pancartas con mensajes muy tostones. Lo que más molestó a los *gudaris* de pitiminí fueron las doce banderas de España en forma de paracaídas que llegaron del cielo vizcaíno a las arenas de una playa española. Once banderas en los paracaídas, y una portada por el jefe de la brigada, como remate de la exhibición. Y claro, las ovaciones de los allí presentes a los paracaidistas removieron la bilis de los nacionalistas, que de cuando en cuando se aperciben de que pueden ser nacionalistas gracias a las libertades que disfrutan por ser españoles.

Se han puesto muy pesados, pero los paracaidistas ya están en otra parte y se marcharon de Guecho con el recuerdo del cariño que recibieron. Una bandera de España siempre emociona, pero doce apareciendo del aire y hacia la playa en un lugar donde los nacionalistas la ocultan y la desprecian, emocionan más todavía. Además, que por las fotografías que he podido ver de las maniobras, los que aplaudían a los soldados eran bastante más guapos que los que repudiaban su presencia, y que tomando por modelo a Sabino Arana, los unos parecían vascos de verdad y los otros unos *jebos* infiltrados en los paisajes de Vasconia. Porque, bueno es recordarlo, la fealdad física lleva a muchos al borde del acantilado ideológico, y por encima de sentimientos y pasiones, la característica que prevalece sobre otros rasgos en el entorno batasuno es la fealdad. Opinión políticamente incorrecta pero científicamente irrebatible. Acudan a las hemerotecas y me darán la razón.

Vienen después las interpretaciones. La única razonable es que el Ejército, después de anunciarlo, puede practicar ejercicios en el lugar que estime más conveniente si ello no perjudica a la ciudadanía. Zarraoa se ha quejado de la prepotencia de nuestras Fuerzas Armadas por no haber avisado previamente a las autoridades municipales. El Ejército asegura que por cortesía y deferencia a esas autoridades, el municipio de Guecho estaba avisado. Creo al Ejército y no a Zarraoa, ese alcalde tan servil con Batasuna y los *gudaris* de pitiminí. Eusko Alkartasuna tampoco se ha sentido alegre por la alegría de doce banderas de España en el cielo de Vizcaya. Pues que les ondulen la permanén. Y los batasunos se han visto «invadidos» por un Ejército agresor. Así que once paracaidistas forman un Ejército agresor. Se entiende que asesinen con disparos en las nucas y bombas explosionadas a distancia. Si once paracaidistas en son de paz son un Ejército agresor, un niño con una mochila de colegio y un donut para desayunar se convierte en un comando enemigo. De ahí que hayan asesinado a más de veinte comandos enemigos que no habían cumplido los diez años de edad. Y uno de ellos, de los batasunos, ha dicho que esa «demostración de potencia» del Ejército invasor lo que ha pretendido es atemorizar al personal. Pues tampoco, hombre. Tranquilo y a la cama. Y si nota algo raro en sus intestinos, una pastilla de Fortasec, que corta las diarreas.

La Razón, *1 de octubre de 2006*

El cadáver incrustado

Cuando niño, en San Sebastián, la silueta del *Azor* de Franco era parte del paisaje de la bahía. Hacía su entrada por la barra de Urgull y Santa Clara entre centenares de barcos, canoas y motoras que le daban la bienvenida. Atentar contra Franco en la década de los sesenta era muy sencillo, pero nadie se atrevió a intentarlo. El *Azor* fondeaba al socaire de la isla y apenas tenía vigilancia. Y Franco embarcaba en el muelle de pescadores o la plataforma del Real Club Náutico, en un batel de la Comandancia de Marina, sólo escoltado por una embarcación abierta en la que iban no más de cinco soldados de su guardia. Ninguno de los «valientes» que retiran sus estatuas tuvo las suficientes agallas para intentar retirarlo de la vida. En aquellos tiempos, Arzallus era el capellán de la Embajada de España en Bonn con un Sebastián de Erice de embajador, y en la misa que oficiaba a diario en la capilla de la Embajada iniciaba las preces con un «Te pedimos, Señor, por nuestro Caudillo». En aquellos tiempos, a Don Juan de Borbón le estaba prohibido navegar por las aguas territoriales españolas, y si lo hacía por el Cantábrico, en caso de necesidad, su puerto de refugio tenía que ser francés.

El *Azor* era un barco adaptado a sus circunstancias, no esbelto, altivo de proa, culibajo de popa y con muy mal movimiento. Estaba hecho para marear a ministros, lo que divertía al entonces Jefe del Estado sobremanera. A proa, instalaron un pequeño cañón arponero para cazar cachalotes —el cachalote es un mamífero y no se pesca, se caza—, y en los días turbios y cimarrones del norte, los marineros practicaban el tiro en la bahía con grandes globos flotantes. A mediados de agosto, el *Azor*, con Franco a bordo, abandonaba San Sebastián y partía rumbo a Asturias y Galicia, pasando siempre de largo por la costa de Cantabria.

Años después, visité el *Azor* acompañando a Don Juan. Tenía aquella visita la emoción de la curiosidad y la reivindicación. Estaba atracado en Marín a popa del *Giralda*, allá en la década tolerante de los ochenta. Era más o menos como lo figuraba. Una gran cámara que daba paso a los camarotes de Franco y de su mujer. Camarotes estrechos y austeros, como el resto de las estancias para invitados y ayudantes. Un barco feo, escrito sea en una palabra. Cuando lo conocí estaba a punto de ser dado de baja en la Armada, aunque aún le quedaba su última singladura estival con el presidente Felipe González a bordo.

Y así, entre mi memoria de niño y los recuerdos de la visita con Don Juan, tenía al *Azor* hasta que el pasado viernes me lo volví a encontrar incrustado, que no varado, en plena meseta castellana. En el kilómetro 220 de la autovía que une Madrid con Burgos, en la localidad de Cogollos, navega su muerte el *Azor*. Un barco plantado en la tierra es, más que un despropósito, una tragedia. Ha perdido altura y su casco está oxidado y salpicado por desconchones. Los barcos no tienen culpa ni responsabilidad ante la Historia, las venganzas y los resentimientos. Y ese *Azor* que para mí, cuando era niño, representaba lo que yo no quería, me produjo una profunda pena al reencontrármelo prisionero en una loma áspera de la Alta Castilla. A su popa, en lugar del mar de levante o del poniente, un inmenso rebaño de ovejas que pastaban mientras el pastor, con su visera amurada, intentaba adivinar en el horizonte el dibujo difuminado por la niebla de la sierra de la Demanda, vista dirigida hacia Soria. A babor del *Azor* un hostal y restaurante. A estribor, un pequeño local y la ola parda del montículo que muere en la llanura. Allí una reunión de robles, allá un conjunto de álamos anunciando la realidad de un arroyo. Los barcos no se merecen esa muerte tan lenta y humillante.

Ese enorme pedazo de cadáver incrustado a doscientos kilómetros de la costa cantábrica fue un día la síntesis navegada del poder. Los barcos se desguazan o se hunden, pero no se vejan. Sólo por haber soportado una galerna de nortazo loco, un barco es el resumen de la dignidad. Un barco no puede soportar, aunque su alma se destruya por óxidos y podredumbres, la visión de un rebaño de ovejas, el vuelo de las urracas o el horizonte de un campo de girasoles. Los barcos, con independencia de quienes fueran sus navegantes, tienen personalidad y sentimientos. Tienen las viejas sensaciones vividas y acumuladas en la mar. Franco tuvo, y tiene aún, partidarios y detractores, pero es imprescindible para conocer la Historia reciente de España, e incluso, el futuro que nos espera. Su barco no era suyo, sino de la Armada, y cuando falleció el anterior Jefe del Estado, el *Azor* sobrevivió al poder perdido y se convirtió en un buque sin función hasta que albergó a Felipe González.

Incrustar, que no varar, un barco en la lejanía de la mar, es un detalle de muy mal gusto. Una agresión a la estética. Un insulto a su condición de barco. Mejor el fondo del mar que el ridículo del altozano compitiendo con las siluetas prodigiosas del románico de Castilla.

La Razón, *8 de octubre de 2006*

Donde hay que estar

Decía Payne, días atrás, que los partidarios de establecer una III República en España tendrían que ingresar en un manicomio. Se cuenta de una poderosa mujer, que a mediados del pasado siglo, por un acontecimiento concreto fue objeto de la curiosidad periodística. No tenía aquella señora un buen concepto de los profesionales de la información. Alguien de su servicio doméstico se lo anunció: —Señora, han llegado los periodistas—; —pues que les den de comer—, ordenó a bote pronto. Partiendo de aquella anécdota, bueno sería que a los partidarios de esa III República en España no se les metiera en el manicomio, pero sí que se les diera de leer. De leer la Historia desapasionada de España y de los dos catastróficos procesos republicanos, infinitamente más nocivo el segundo que el primero.

Se habla de «monárquicos» y de «juancarlistas», como si fueran antagonismos. El que se dice «juancarlista no monárquico» es un monárquico camuflado en los complejos. Poco a poco, con el tiempo, van desapareciendo los monárquicos emocionales, consecuencia de influencias enraizadas en familias y romanticismos. Y han sido sustituidos por los muchos monárquicos pragmáticos que hoy forman la mayor parte de la ciudadanía española. Hoy, la Monarquía no se fundamenta en designios divinos ni en emociones profundas, sino en el beneficio de la situación, de los hechos. La Corona, además de su representatividad, ha sido un gran negocio para la libertad y la convivencia de los españoles. Reconocerlo es admitir las ventajas de la Monarquía y, por lo tanto, la condición de monárquico.

Todo evoluciona, pero no la magia institucional de una de las monarquías más antiguas del mundo. Y esa magia se percibe en la oportunidad y los detalles. Una nación como España, penosamente guiada a los resentimientos de hace setenta años —principiados por la II República—, necesita más que nunca la función arbitral de la Corona. Más aún cuando esa Corona es la que reúne históricamente todos los territorios de España, que ya lo era de hecho siglos antes de la unificación política de los Reyes Católicos. El Rey de España es el Rey de Aragón y el conde de Barcelona. El Rey de España es el señor de Vizcaya. Y el Rey de España es el Rey de Navarra. El sencillo lenguaje de la Historia reunido en unos títulos que significan mucho más de lo que dicen.

La Corona, mientras los políticos están en sus cosas, intenta siempre mantenerse en su sitio. Y el sitio de los Reyes y de los Príncipes no es el de antaño, la soledad del Palacio y la exclusiva influencia de la Corte. El sitio es el mundo y la representación de España en ese mundo, y la presencia de las personas reales en los problemas que afectan a la mayoría de los españoles y que, por inexplicables actitudes políticas, no cuentan con la gratitud y el respeto de los gobernantes. El pasado viernes, el presidente de Estados Unidos recibía y abrazaba en la Casa Blanca al Príncipe de Asturias. Y el pasado viernes, la Princesa de

Asturias presidía un acto cultural en beneficio y homenaje a las víctimas del terrorismo. Estuvieron donde tenían que estar. El Heredero de la Corona, cumpliendo con una indirecta función diplomática fundamental para España. El restablecimiento de la cordialidad con Estados Unidos, segada de cuajo por la estupidez y la grosería de un político, hoy gobernante. El restablecimiento de la cordialidad con Estados Unidos, segada de cuajo por la demagoga insolidaridad con el resto de los países occidentales y libres de quien ordenó la humillante retirada de nuestras Fuerzas Armadas de una misión de paz. Esa normalidad que a los políticos y diplomáticos les cuesta años restablecer lo consiguen el Rey y el Príncipe, es decir, la Corona, con una simple conversación. Y lo consiguen, porque siempre son bien recibidos, lo que no ocurre con otros.

Y cuando el Gobierno de España está hablando con los terroristas de la ETA, y el partido en el poder y su corresponsal en las provincias vascas obstruyen e impiden el reconocimiento de las víctimas del terrorismo para no enfadar a sus interlocutores del nacionalismo y el entorno asesino, la Princesa de Asturias acude al lugar de las víctimas y les hace ver con su gesto que la Corona está con sus sufrimientos, sus demandas y sus exigencias de justicia. Sucedió en un mismo día y a miles de kilómetros de distancia. Que la Corona estuvo donde tenía que estar. Donde la mayoría de españoles quería que estuviese. Esa mayoría que, por cultura, información o simple intuición ciudadana, no desea para España otra experiencia nefasta de rencores y enfrentamientos.

Y vuelvo a Payne. No hay que abusar de la hospitalidad de los manicomios. Hay que dar de leer.

La Razón, *13 de octubre de 2006*

Manipulación

Había terminado el desfile del 12 de octubre, Fiesta Nacional de España. Muy brillante, por cierto. Los Reyes y la Familia Real abandonaban el lugar entre ovaciones. Pero los micrófonos instalados en la plaza de Colón nos regalaron una pitada, una bronca unánime y fenomenal. La bronca se la dedicaba el público al presidente del Gobierno, pero las cámaras no cambiaron de imagen, y mantuvieron la del coche de los Reyes camino de Cibeles. Una burda manera de manipular la realidad. El realizador, probablemente advertido por la comisaria Caffarel. Porque Zapatero lleva tres broncas seguidas en los tres últimos desfiles, pero la de hoy ha superado con creces la intensidad de las anteriores.

Y es lógico. A los desfiles no van ni los Bardem ni las juventudes socialistas de Cataluña que se comportan como fascistas, ni los muchachos de Otegui y el terrorismo callejero, ni los actores y actrices del sistema y el pesebre. A los desfiles va la buena gente, las familias, los que sienten algo especial cuando se iza la Bandera de España, los que celebran con su presencia una fiesta que sienten. No van pancarteros ni pegatineros. Van personas normales, preocupadas por los acontecimientos políticos, asombradas por las derivaciones peligrosas que esos comportamientos políticos originan. A los desfiles no van los que defienden que a los terroristas se les siente en una mesa y se les conceda lo que piden. Y claro, el responsable de todo es Zapatero, y en Zapatero se reúnen las broncas y los silbidos de la ciudadanía que, de derechas o de izquierdas, considera que España y su libertad es lo importante.

Eso lo sabían de antemano los de TVE. Y no han enfocado el coche del Presidente cuando era despedido con un meneo trepidante y unánime. Y para ocultar la realidad, han mantenido durante la bronca al Presidente del Gobierno la imagen del coche que llevaba a los Reyes. Y esa maestría en la mentira no puede tolerarse, y es de esperar que en las próximas horas, la comisaria política o alguno de sus portavoces den explicaciones y ofrezcan disculpas a la Casa Real, que no se las darán ni ofrecerán, pero les brindo la idea por si les quedara un celemín de decencia.

A eso le llama Amando de Miguel la «faramalla» periodística. La mentira cimentada en la verdad. Cuentan que el arzobispo de Canterbury viajó a Nueva York en 1920 por vez primera. Le recomendaron prudencia con la prensa norteamericana, menos respetuosa que la inglesa. Al llegar al puerto, cien periodistas rodeaban al arzobispo, y uno le preguntó: —Su Gracia, ¿qué le parece que haya tantas casas de putas en Manhattan?—; el arzobispo respondió con otra pregunta, para evadirse. —¿Hay muchas casas de ésas en Manhattan?—. Al día siguiente, la verdad manipulada se convirtió en una mentira rotunda. Y el periódico de ese periodista destacó en primera plana que lo primero que preguntó el arzobispo al llegar a Nueva York fue «si había casas de putas en Manhattan».

Me parece que algún responsable de TVE es alumno aventajado de aquel manipulador.

La bronca fue para Zapatero, y no para el Rey, como ha querido engañarnos Televisión Española. Una bronca abrumadora, por otra parte. Y una última cosa, Zapatero. Cuando pasan las banderas ante la tribuna, se baja respetuosamente la cabeza. Ya es hora de que lo aprenda, desastre de tío.

La Razón, *14 de octubre de 2006*

Monólogo de Pepiño

Ya lo tenemos. La Derecha «reacionaria» va a perder para siempre «Madriz». Cuando sepan que nuestra «oción» es Pepe Bono, van a temblar en la calle Génova. No hay nada por escrito, pero ha sido un «pato» verbal entre José Luis y Pepe, y los «patos» se cumplen. La Derecha se «jata» de tener a sus candidatos mientras nosotros estamos a dos velas. Es su «caráter». Lo que ignora la Derecha es que José Luis y Pepe tienen «contatos» desde que Pepe abandonó por «voluntaz» propia el Ministerio de Defensa, «vítima» de las «inesatitudes» de los «reacionarios». Cuando sepa esa Derecha que José Luis y yo hemos convencido a Bono para que se presente a la alcaldía de «Madriz», se van a dar cuenta de quiénes somos de «verdaz». Que se «jaten», que se «jaten», que ya se enterarán de nuestro «proyeto», que es «perfeto», porque en eso de «proyetar», José Luis y yo somos unos «arquitetos» sensacionales. Me da la risa cuando leo que entre nosotros y la Federación Socialista Madrileña hay un «conflito» de intereses. Ellos «acetan» lo que nosotros decidamos, y si no lo «acetan», peor para ellos. Pero de «conflito» nada. Si José Luis y yo «otamos» por Pepe, nuestra «oción» es la que prevalece, y además, porque es la mejor.

Pepe nos debe mucho. Le hicimos ministro cuando nadie daba un euro por él. Gracias a nosotros, «aquirió» en el Gobierno una «esperiencia» que no tenía cuando lo sacamos de Castilla-La Mancha. En ocasiones, hay que reconocerlo, sus manifestaciones no nos parecieron «corretas». Pero Pepe es así y hay que «acetarlo» como es. De vez en cuando, a José Luis y a mí nos molestó su «conduta», «produto» de su temperamento, que es fuerte, pero su nombre es un «salvoconduto» para el triunfo, y José Luis y yo no queremos otra cosa que ganar en «Madriz», el «rompeolas de todas las Españas», que mira por dónde, yo me creía que era una frase de los «faciosos» y es de Antonio Machado, que era un poeta «ececional». Estoy que no duermo de la ilusión que me hace ver la carita de Rajoy, y la de Esperanza, y la de Gallardón cuando se enteren de que Pepe será nuestro candidato. Me paso las noches en «pernota». No pego un ojo, ni el del «reto». Porque yo lo puedo asegurar desde mis conocimientos. Pepe, al final, «aceta». Es un poco «ecéntrico» en ocasiones, pero si José Luis y yo nos reunimos con él y le «avertimos» que de no «acetar» nuestra propuesta lo puede pasar regular porque sabemos cosas de él, «aceta» con los ojos cerrados. Lo de María Teresa no sería una decisión «correta». Es la única que sabe leer y cuando hay «conflitos» recurrimos a ella para que nos saque las castañas del fuego. Y Zerolo, que está deseando, no tiene «complesión» para ser alcalde de «Madriz». Es un muchacho simpático y alegre, pero bastante «irreflesivo». Necesitamos un candidato fuerte y «compato», y ese candidato sólo puede serlo Pepe. Me decía José Luis que de fallar Bono, que no fallará, podría ser Pilar «Bardén» la candidata socialista. Lo malo es que es «sesagenaria» o «setagenaria», y necesitamos un alcalde con futuro. La semana «prósima» es la clave. El domingo convencemos a Pepe, y el lunes se hace pública la bomba.

De José Luis y de mí no se ríe nadie, y menos si es socialista. Pepe será nuestro candidato a la alcaldía de «Madriz». De «verdaz». «Esatamente de verdaz.»

La Razón, *15 de octubre de 2006*

Los progres

Ser progre y ser de izquierdas puede resultar antagónico. Nada tiene que ver la postura con la ideología. La Izquierda ha huido siempre de la apariencia y el esnobismo, en tanto que la progresía o retroprogresía fundamenta su existencia y triunfo social en la traza superficial y la figura. De todas las especies de progres, la más divertida es la del «progre-bien», que perteneciendo a grupos liberales o conservadores, incluso aristocráticos, suplanta sus complejos personales con aires de avanzado. El progre, que vive muy bien en su casa, tiene que ser contrario a la religión, partidario de la inmigración masiva, y nada defensor del matrimonio y la familia excepto cuando la pareja pertenece a un mismo sexo. El progre lee con entusiasmo el *Ulises* de Joyce y vence su aburrimiento con el premio de la singularidad. El progre es un ecologista confuso que sólo pierde su condición y su confusión cuando obtiene beneficios. Conozco a «progres-bien» capaces de atarse a los árboles ajenos, y que han convertido en urbanizaciones sus antaño arboladas propiedades. El progre se estudia todas las mañanas y compra sus pantalones vaqueros con agujeros y descosidos. El progre siempre tiene que decir una frase trascendente, aun en las situaciones menos apropiadas. Contaba Chumy Chúmez, que era de izquierdas sin necesidad de aparentarlo, que el progre, aun en los momentos previos al fornicio, tiene que demostrar su alta sensibilidad social. Él espera en la cama y lee, o hace creer que lee, *El País*. Ella se va desnudando poco a poco. Él lleva una barba de «progre-bien» descuidada de tres días, tipo Bosé, que siempre está descuidado de tres días. Ella, mientras se quita la ropa, muestra un semblante de gran preocupación. Al fin queda completamente desnuda. Y aquí viene lo progre. Momentos antes de introducirse en el tálamo, ella reclama su atención. El maromo «progre-bien» abandona por un momento la lectura del bodrio y se fija en la «progre-bien» que permanece en pie y en pelotas junto a la cama. Entonces lo suelta: «Cada día estoy más preocupada con el problema palestino.» Porque una pareja de «progres-bien» no puede principiar el asunto sin subrayar su ansiedad reivindicativa-social o sin demostrar conocimientos y sensibilidades de política internacional. Hace poco, un tipo normal que estaba liado con una «progre-bien» tuvo que soportar una interrupción en los instantes previos a la orgasmía para que ella le dijera: «No puedo, no puedo. Estoy pensando en los cayucos.»

El progre se refiere al Papa por su apellido Wojtyla y Ratzinger. Es republicano de manual. Normalmente antimilitarista, pero sólo si los militares son españoles o norteamericanos. Los militares cubanos, venezolanos y norcoreanos le caen mejor. El progre no cree en símbolos ni en emociones. «La bandera es un trapo», suele afirmar con rotundidad. Se extasía con las adquisiciones de su padre en Arco. Su casa acostumbra a estar aparentemente sucia por la sencilla razón de que está sucia. Compra en Fnac. Le encanta ser «marqueseado», es decir, humillado por la supuesta Izquierda millonaria y advenediza que forma parte del poder. Ve cine español, pero en su casa pone cine americano. Está contra la violencia, pero comprende a los islamistas. Está contra las cárceles, pero aprueba las de Cuba. Es libre pero aprueba la supremacía de la revolución sobre la libertad. Es un decidido defensor del diálogo con la ETA, pero no es capaz de dialogar con alguien que no piense como él. Cuando puede, hace las maletas y se va a Nueva York, a pesar de su acendrado antiamericanismo. Regala a sus chicas complementos indigenistas. Taburetes africanos o collares amazónicos. Todo aquel que no comparta sus inquietudes y preferencias es un fascista. Carece de humor, como todo dogmático y seguidor de normas establecidas. Pelo largo. Ahí se distingue al «progre-bien» del resto de los progres. Los «progres-bien» se lavan el pelo menos que los demás. Póster del Che. Grandes consumidores de músicas autóctonas, con preferencia si provienen del África negra. Enemigos del capitalismo y el libre mercado pero muy propensos a ser sorprendidos por sus padres con el regalo de un piso. Saramago. Teatro experimental. Ciudadanía del mundo. Urgente legalización de las drogas. Alquiler de buhardillas. Paga Papá.

Camisetas con la estrella roja de cinco puntas sobre fondo negro. Carísimas, por cierto. Terrible obligación navideña. Energía verde. Houellebeck. Memoria Histórica. El amor no existe. Solidaridad. No se sabe con quiénes, pero hay que ser solidario. —¿Tú qué eres?—; —solidario—. Hay que quitar los toros de Osborne.

Oriente y la morería. Bufandas palestinas. «La bandera es un trapo», pero se siente veneración por la tricolor, eso tan efímero. Azaña, el gran estadista. No lo han leído y apenas conocen su vocación por el desastre. Se consideran marginales cuando son los más privilegiados de la sociedad. De nuevo Saramago (¿Qué pasa con la Agencia Tributaria?). No hay que regalar pistolas de juguete a los niños. Se hacen violentos. No hay que regañar a los niños. No hay que educar a los niños. Hay que permitirles todo a los niños. Hay que prohibir los toros. El islam. El burka. La civilización que hizo temblar a Estados Unidos. Hay que respetarlos. A los cristianos, no. El Corán. No hay que reírse de Mahoma.

Y esto es sólo una simple aproximación. Pobre Izquierda.

La Razón, *17 de octubre de 2006*

El jamón de york

Las autoridades lo sabían y nada dijeron. El Gobierno estaba al corriente de la farsa. Muchos no lo creímos. A mí, particularmente, me costaba una barbaridad creer que un cobarde inmundo pusiera su vida en riesgo. El Cobarde, el nenaza, no es otro que el asesino Iñaki de Juana Chaos, que ha permanecido en «huelga de hambre» sesenta y tres días para conseguir una rebaja en su condena. Al menos ha obtenido que el fiscal rebaje la petición de noventa años a seis. Milagros del jamón de york.

Del jamón, de la miel, de la leche —desnatada y sin desnatar— y de los bollitos bimbo que le servían en la cárcel durante su angustiosa «huelga de hambre». Con menos de la mitad de su edad y a los sesenta y seis días de huelga, el terrorista irlandés Bobby Sands dobló la servilleta. Bobby Sands no permitió ser alimentado por inducción, y tan sólo se le administraron líquidos para luchar contra la deshidratación. Mantuvo su promesa hasta la muerte. Era un terrorista valiente. Nuestro sanguinario De Juana Chaos tiene el mismo coraje que un cuesco de colibrí. Y menos mal que se ha sabido quiénes han sido los que diariamente le entraban en la celda los alimentos. Una tal Inmaculada Noble y un tal «Mortadelo», pues de ignorar la identidad de los componentes de su servicio de Intendencia a domicilio, podríamos haber pensado que los recaderos eran Pérez Rubalcaba y Pepiño Blanco.

Los funcionarios han declarado que se tomaban a cachondeo la «huelga de hambre» del criminal De Juana, y que se referían a ella como la «dieta de las 500 calorías». Lo sabía y lo escribí. Puedo caer más simpático o menos, y ser más listo o más tonto que la media nacional, pero no creo haber alcanzado el grado supremo de gilipollez. Un cobarde siempre será un cobarde, y De Juana Chaos está incapacitado para culminar un proceso de autodestrucción. De Juan Chaos sólo destruye a los demás, y siempre a distancia, sin arriesgarse lo más mínimo. Son veinticinco las destrucciones de vidas que tiene en su miserable haber. Pero poner en peligro la suya es algo que nunca se le ha pasado por su presumible cerebro. Pero el pacto y la farsa han triunfado, y el canalla ha conseguido su objetivo. Ser puesto pronto en libertad por la Justicia al servicio de un poder político moralmente corrupto. Un poder político que no considera alarmante la intensidad creciente del terrorismo callejero y la creación de una Mesa de Partidos cuyo único objetivo es la amputación de España.

Voy a imitar a De Juana Chaos. Y me propongo llevar a cabo una «huelga de hambre» casi similar a la del primate etarra. El verano me ha regalado unos kilos de más, y el etarra me ha dado la solución para volver a lucir mi grácil y ágil figura. Todos los días, jamón de york, leche desnatada y miel. Renuncio al bimbo. El bimbo engorda, como se puede demostrar observando la famélica panza del depredador etarra. Se me antojan pocas las quinientas calorías del régimen de adelgazamiento del mandril enjaulado.

A partir de ahora, los endocrinos van a adoptar el «Tratamiento De Juana» como uno de los más eficaces de cuantos se conocen. Pero se hará cuando los pacientes necesiten engordar. Un plan de engorde. Como a los cerdos.

La Razón, *18 de octubre de 2006*

Sonriamos

Sobrevolada la última chorrada de Mas —la política en Cataluña, violencia aparte, se está convirtiendo en una constante y creciente chorrada aldeana—, nos toca sonreír. Resulta muy amargo escribir todos los días de criminales y matones, de intolerantes y vocingleros. Y he aquí que la sonrisa me ha sorprendido al leer en mi periódico la noticia de una visita de Esperanza Aguirre a una remodelada residencia de ancianos en la calle Goya de Madrid, firmada por Nuria Platón. El titular es inmejorable. Un residente reclama la atención de la presidenta de Madrid con la siguiente frase: «¡Presidenta, acérquese que le voy a enseñar el Pirulí!» Oración equívoca que puede interpretarse de dos formas, si bien lo que quería el residente es mostrar a la presidenta el Pirulí de TVE sito en la calle de O'Donnell. Pero con nuestro pasado epigramático, la segunda intención nos abre el camino de la sonrisa.

El epigrama español está plagado de segundas intenciones. «Una gata encantadora / tengo, van a verla ahora, / es una cosa divina. / ¡Pepe, saca la minina / que la vea esta señora!» Fray Gaspar nos deleita con una cándida y romántica reunión animada por el notable pianista Juan

Arango. «A Juan Arango, pianista de gran fama, / decía la otra noche cierta dama: / —¿No me toca usted nada / que a pasar nos ayude la velada? / Y complaciente Arango, / por tocarla algo, le tocó el fandango.» Tejada se regodea en la ceremonia cortés del saludo: «Dijo un joven muy cortés / a un casado despidiendo: / —Póngame usted a los pies / de su esposa doña Inés. / (yo luego, me iré subiendo).» Nuestro don Camilo, que no es otro que Cela, gustaba mucho de la broma epigramática, y fue compilador de su riqueza en su magnífico *Diccionario secreto.* De tanto manejar ingenios ajenos en el doble sentido, hizo sus pinitos con notable resultado. «Siempre que me encuentro un pelo / me pongo a considerar, / si será de la cabeza / o de qué coño será.» Había fallecido un conocido aristócrata en los primeros pasos de la década de los cuarenta. El marqués tenía fama de pedorro y miramelindo, y de una reunión celebrada entre don Camilo, Juan Pérez Creus, Foxá y Manolito el Pollero nació este bello epitafio en honor del noble difunto: «Dejó este mundo de abrojos / al fin el señor marqués. / El marqués cerró los ojos. / Los tres.»

Cuando don Jacinto Benavente, olvidado genio de nuestro Teatro y también Nobel de Literatura, estrenó en el Infanta Isabel su comedia *Una señora*, se celebró el estreno de esta guisa: «Don Jacinto Benavente / ha estrenado *Una señora*, / y es lo que dice la gente: / —¡Ya era hora, ya era hora!» Y Jorge Llopis, que fue un divertido poeta humorístico, autor de las *Mil peores poesías de la lengua castellana*, también, como el residente que quería mostrar el Pirulí a la presidenta Aguirre, canta al puntiagudo caramelo: «Pirulí portentoso, caramelo exquisito.» Y una recomendación moral con muy distintas y distantes interpretaciones: «Si el hombre quiere, imperfecto, / la perfección alcanzar, / el buen camino es el recto / y por él debe tomar.»

Y todo esto para no tener que escribir de Mas. Claro, que hubo otro Mas que protagonizó un epigrama de Carlos Cano, uno de los grandes del XIX: «A la mujer de Mas, Blas / la visita por demás, / y según propios y ajenos, / para la mujer de Mas / lo de Mas es lo de menos.» Pues eso, sonriamos.

La Razón, *22 de octubre de 2006*

De osos

El diputado independentista catalán Joan Tardá está muy enfadado por la muerte de un oso que presumiblemente cazó el Rey en Rusia. Le envío desde aquí mi más sentido pésame por si el oso abatido pertenecía a su familia. En Rusia pasan cosas raras con los osos. El que fue embajador de España en Moscú, José Cuenca, muy sobresaliente escritor del campo y la naturaleza, me contó una historia muy divertida acaecida en Moscú durante su destino. La he contado y la repito. Un millonario tejano, amigo de nuestro embajador, se cansó de la vida moscovita apenas dos días después de su llegada. Se había acostado con unas cuantas bellísimas estudiantes de Ingeniería Nuclear que deambulaban por su hotel, y no le cabía un gramo de caviar más en el cuerpo. Pero no quería abandonar Moscú sin cazar un oso. En Rusia viven miles de osos, pero no en Moscú. Moscú, y se me antoja justo y adecuado, es para los moscovitas, no para los osos. Pero el director, que pertenecía a una de las muchas mafias que se mueven por Rusia, le pidió al tejano tres días para gestionar su ilusión. Veinticuatro horas después, el director del hotel comunicó a su cliente que al día siguiente podría cazar un oso en los alrededores de Moscú.

Un poco más allá de los suburbios moscovitas —Moscú, excepto la Plaza Roja y sus alrededores es una ciudad suburbial— están las «dachas» de los que fueron privilegiados dirigentes comunistas. Urbanizaciones lujosas entre bosques de coníferas y abedules. A una de ellas llevaron al cazador tejano. Lo apostaron en la falda de un bosquecillo de abedules y le dijeron que la normal querencia del oso era una loma que quedaba en lo alto y a la izquierda. La mafia había comprado el oso en un circo. En un circo pobre, porque el oso parecía una modelo de Yves Saint-Laurent. En efecto, el oso apareció por donde le habían advertido —lo soltaron a tres metros de la loma—, y el cazador tejano comenzó a disparar con un rifle repetidor. Pero los troncos de los abedules desviaban las balas y el oso no se creía lo que estaba viendo. Un oso, aunque sea del circo, tiene derecho al enfado, y muestra su irritación levantándose de manos. Así se desarrollaba la cacería cuando surgió por un camino inmediato al bosque el cartero de la urbanización, que repartía el correo en bicicleta. El cartero, al oír los disparos y descubrir a un oso en el camino con expresión de pocos amigos, abandonó la bicicleta y se lanzó como una croqueta ladera abajo. Fue cuando el oso, al ver la bicicleta abandonada, corrió hacia ella, la enderezó, se sentó en su sillín y fuese pedaleando. Era su especialidad circense. El cazador tejano sufrió una profunda depresión y abandonó Rusia humillado. A un cazador se le puede escapar un oso de mil maneras, pero no montado sobre una bicicleta. El millonario tejano fue el más inocente de toda la farsa, junto al oso y el cartero, claro está.

Se dice que el Rey viajó con carácter privado este verano a Rusia para cazar un oso. Que fue invitado por alguien. Que lo llevaron a cuatrocientos kilómetros al norte de Moscú, donde sí hay osos. Pero que también quisieron facilitarle las cosas y le soltaron otro oso de circo, menos escuálido que el anterior, que además había sido emborrachado previamente con una generosa dosis de miel mezclada con vodka. Y que el oso, totalmente borracho, dando tumbos y riéndose del resto de los osos sobrios, se puso a tiro del Rey y fue abatido. Eso es lo que dice un guarda de la reserva, que también se ha referido a otros casos protagonizados por jefes de estado, presidentes y altas personalidades. Si ello fuera cierto, el único inocente junto al oso, sería el Rey. Y el mayor culpable, el que abusó de la confianza del Rey y le invitó a una tragicomedia más que a una cacería.

El Rey, como sus mayores, es un gran cazador. La estética de nuestra Familia Real en la caza la principia Velázquez, con sus retratos de Felipe IV en los montes de El Pardo y el azul guadarrama del cielo. Es un gran cazador y un muy buen tirador, y no precisa de osos borrachos para abatirlos. La caza, además de la primera actividad del hombre sobre la tierra, es un deporte. El buen cazador concede a su pieza todas las posibilidades para la huida. Y el Rey —y no confundan esta aseveración con sentimentalismos— es un deportista. El Palacio de Riofrío guarda el Museo Real de la Caza, y allí está todo el recuerdo de las dinastías de los Austrias y los Borbón en sus actividades cinegéticas. Una insignificante pero muy interesante traza de la Historia de España que Tardá habría de visitar, entre otros motivos, porque esos Reyes cazadores fueron todos Condes de Barcelona.

Si el suceso fuera cierto, los únicos culpables son los organizadores de la cacería, los que compraron el oso y los que, llevados por la coba y la adulación, permitieron que lo emborracharan. Puedo estar de acuerdo o no con algunas cosas del Rey y con determinadas personas que han accedido a su amistad y resultan peligrosamente nocivas. Pero el Rey no caza osos de circo borrachos. Ahí pongo la mano en el fuego.

La Razón, *28 de octubre de 2006*

Memoria marisquera

La parcial y manipulada «Memoria Histórica» de estos falsos pelmazos ha alcanzado a los mariscos. Con especial virulencia a los bivalvos, como son las almejas y los berberechos. No tienen a nadie que los defienda, como lo hacían cuando murieron a causa del chapapote que soltó el *Prestige* y llegó a las costas gallegas. Aquellos mariscos fueron «asesinados» por la Derecha, y se creó la plataforma «Nunca Máis» con Pepiño Blanco a la cabeza. ¡Qué gritos los del actor Luis Tosar! Y qué artículos los de Susiño de Toro y Manuel Rivas, que creo se llama así. La Derecha asesina de ostras, navajas, mejillones, almejas y berberechos no fue víctima de su incompetencia, sino de la vejez y fragilidad de un mercante comandado por un griego que se partió en dos en la mar, más allá de nuestras aguas territoriales y sin ninguna intervención en la ruptura por parte de los políticos del Partido Popular. Pero había que armar lío. Y se unieron los demagogos con los ecologistas «sandía» y montaron el numerito de «Nunca Máis». Simultáneamente, decenas de miles de colaboradores llegaron a Galicia para limpiar playas y costas mientras los de «Nunca Máis» no daban un palo al agua y se limitaban a gritar. Y mientras unos gritaban, el Gobierno de Aznar dejaba caer sobre las zonas afectadas centenares de millones de euros. Y la naturaleza poco a poco, después de los esfuerzos humanos y económicos, puso las cosas en su sitio.

Este verano no fue un barco ajeno el causante de la tragedia. Ardió la mitad de los montes gallegos y la «Xunta» del Partido Socialista y del Bloque Nacionalista Gallego no supo, no pudo o no quiso actuar con celeridad. Los de «Nunca Máis» permanecieron callados. Con los incendios, los socialistas son poco efectivos. Huyen de las llamas. Guadalajara fue la primera muestra de su brutal incompetencia. Pero los mariscadores gallegos advirtieron a su Gobierno que, de no limpiar los montes de rastros y cenizas, se contaminaría el agua de los ríos y éstos depositarían en las playas y costas sus vertidos de destrucción y muerte. Los de «Nunca Máis», gloriosamente acomodados junto al pesebre político, siguieron callados y con los brazos cruzados. Y ha sucedido. Miles de mariscadores están en la ruina por culpa de la incompetencia y la desidia de la «Xunta». Pero a estos berberechos y almejas que ha asesinado la Izquierda demagoga e inútil, no hay quien los llore. ¡Qué suerte la de aquellos mariscos elevados a la categoría de héroes por los vociferantes y vagos miembros de «Nunca Máis»! Los mariscadores no lo entienden, pero ni la «Xunta» ni los llamados «intelectuales» de la Izquierda gallega están para perder el tiempo intentando comprender a los mariscadores. Sus berberechos y almejas son de derechas porque han muerto por culpa de la Izquierda, y, por lo tanto, no son merecedores de figurar en la «Memoria Histórica Marisquera».

¡Hombre! Uno creía que esta gente que se enfadó tanto por un error ajeno al Gobierno del Partido Popular se volcaría en ayudas y palabras de apoyo a los marisqueros afectados y arruinados. Pero no es fácil. Los de «Nunca Máis» han desaparecido, los escribas a sueldo han perdido las ideas y los actorcillos vehementes están muy preocupados buscando un papel en alguna película subvencionada por los contribuyentes. Mariscos de derechas...

La Razón, *31 de octubre de 2006*

El asesino sonriente

No ha parado de sonreír en todo el fin de semana. Está tranquilo y sonriente. No recibe otra cosa que apoyos y condescendencias. De sus compañeras de crímenes y salvajadas, de los señores fiscales obedientes, del mismo presidente del Gobierno de España. «De Juana Chaos está inmerso en el proceso de paz.» ¿Cómo quieren que no sonría? Además, que su régimen de adelgazamiento ha mejorado su aspecto. Sabe, que a medida de que su sonrisa aumenta, a millones de personas normales nos desaparece, se nos hiela. Sonríe De Juana Chaos, el asesino, el depredador. Sonríe Zapatero. Sonríe el Fiscal, sonríen los etarras encarcelados, y sonríen los batasunos y nacionalistas. ¿No supone eso la felicidad de muchos? Zapatero es un creador de sonrisas y cordialidades. Es un iluminado sonriente que contagia la sonrisa a los mayores asesinos. En caso contrario, ¿por qué iba a sonreír De Juana Chaos? Los ha recordado Carlos Dávila. Sus familias no los han olvidado jamás, pero es recomendable repetir sus nombres, una y otra vez, para que nos parezca aún más siniestra y asquerosa la sonrisa del asesino. Sólo el primer apellido, que queda más frío, para que pueda sonreír mejor el canalla y no duela en exceso a los traidores que alimentan su sonrisa. Kurt-Brown, Alonso, Catón, Domínguez, González, Mateo, Sáenz de Ynestrillas, Besteiro, Casillas, Jimeno, García, Larra-Inchaco, Fernández, Calvo, Cornejo, Bella, Freixes, Iglesia, Esteban, De la Higuera, Escrigas y Calvo. Ayúdenme a contar. Me salen veintidós. Veintidós vidas truncadas por un solo asesino. Por cada persona asesinada, por cada familia rota, por cada futuro destrozado, por cada tristeza sin consuelo, menos de un año de prisión para el criminal. ¿A qué sociedad pertenecemos? ¿Qué Estado de Derecho es el que tenemos, que establece tan escaso valor a la vida de sus ciudadanos? ¿El precio penal de nuestras vidas es tan sólo de nueve meses? Demostrado ha quedado que la respuesta es afirmativa. De ahí la sonrisa del asesino, y la del Fiscal que ha cumplido con las órdenes del Gobierno, y la del presidente del Gobierno que alcanza acuerdos con los criminales sin informar a la ciudadanía, y que incluso ha llevado hasta el Parlamento Europeo la división de su insensatez. Sonríe el asesino porque también él ha echado las cuentas, y claro, se muere de la risa. Cada nuca pulverizada de un español inocente vale nueve meses de cárcel. Cada cuerpo de un español —sea hombre, mujer, mayor, joven, niño o niña—, destrozado por la explosión de una bomba, vale nueve meses de cárcel. «De Juana Chaos está en el proceso de paz», ha dicho el señor presidente del Gobierno. Precisamente por eso yo no lo estoy. Ni lo pueden estar millones de españoles decentes y con memoria. Ni lo pueden estar los socialistas honrados que han sufrido el terrorismo. Ni lo pueden estar los que defienden ante todo y sobre todo el derecho fundamental a la vida. ¿De qué paz habla el presidente del Gobierno? ¿Qué humillación, o qué entrega, o qué traición se esconden detrás de esta preciosa voz mal utilizada? ¿También su vida, y las de sus familiares, y las de sus amigos, y las de sus correligionarios valen nueve meses de prisión? ¿Hacia dónde nos está llevando el creador de las peores sonrisas?

El asesino sonríe porque conoce su futuro. La libertad y el homenaje. Pero no termino de interpretar la sonrisa de los traidores.

La Razón, *1 de noviembre de 2006*

Los chóferes

El principio puede sonar a elitista, pero no puedo remediarlo. Cuando yo era niño —y siempre que la situación económica lo permitiera—, los chóferes pertenecían a las familias para las que trabajaban. Eran parte del núcleo familiar, y con frecuencia se jubilaban sin haber cambiado nunca de casa. Eran asesores, segundos padres, confidentes y amigos. El chófer del eminente doctor Plácido González Duarte se llamaba Alonso. La esposa del doctor Duarte, doña Montse, gustaba de comprar artículos prohibidos por las aduanas españolas en Francia. Una tarde adquirió en Biarritz un enorme elefante de plata con piedras preciosas incrustadas en su trompa y lomo. Alonso le recomendó al doctor Duarte que dejara a su mujer sola en el asiento trasero y viajara junto a él para que no pasara vergüenza en la frontera. Al llegar a Irún, el carabinero le preguntó al doctor si tenía algo que declarar, y éste dijo que no. Preguntado el chófer, fue más explícito. —Sí. Tenemos que declarar el elefante de la señora—. Cuando el carabinero metió la cabeza en el coche y vio a doña Montse, gordezuela y repantigada en el asiento trasero, les ordenó seguir. —No se preocupen, eso no cuenta—. Una anciana parienta mía tenía un chófer de insuperable lealtad. Ella era mujer con carácter fuerte y nada amiga de la charlita. En un viaje a San Sebastián, a la altura de Pancorbo, Julio —que así se llamaba el chófer— se puso a cantar como un loco. A cantar y a pisar el acelerador. Detenido por una pareja de la Guardia Civil de Tráfico, fue interrogado por los agentes acerca de su extraño proceder. —Todo ha sido para no dar un disgusto a la señora—. Su lealtad alcanzaba cotas de heroísmo. Había sucedido que una avispa entrometida se había filtrado entre los botones de su bragueta y horadado posteriormente con su aguijón el testículo izquierdo del chófer. Y éste, para no alterar el equilibrio moral y de buenas costumbres de mi parienta, se aprestó a cantar y a correr, en pos de un trance de desahogo. Todo menos decirle a una señora de ochenta años que una avispa le había picado en un huevo. Le aumentó el sueldo, y le dejó unos cuantos millones en la herencia.

Pero se trataba de personas acostumbradas a tener gente a su servicio, y sobre todo, a respetarlas. Lo malo es servir a advenedizos sin educación ni medida. He leído que la «abuela de verano», es decir, Rosa Regás, la solidaria socialista que hoy dirige la Biblioteca Nacional, además de haber echado a tres gerentes, ha cambiado en cinco ocasiones de chófer en apenas veinte meses. ¿Cómo se puede cambiar cinco veces de conductor en tan escaso tiempo? Sólo hay dos respuestas a esta pregunta. O ha tenido muy mala suerte con sus conductores, o sus conductores han tenido muy mala suerte con ella. O le han caído encima cinco conductores que se dedican a chocar con los semáforos, o la forma de ser de esta variopinta mujer deja mucho que desear. Hay personas que alcanzan por designación digital un alto puesto político, y se creen —más aún si llegan de la falsa Izquierda del caviar, la Visa

Oro y la *gauche divine* barcelonesa— que los subordinados son esclavos para todo, sin horarios, sin derechos y sin atenciones.

Dicen que en la Biblioteca Nacional hay colas para entrar. Los bienpensantes dicen que los de la cola son lectores o investigadores. Nada más lejos. Son chóferes en espera de turno. Los socialistas somos así.

La Razón, *4 de noviembre de 2006*

Cínicas y afónicas

Guadalupe Bragado es la candidata del Partido Popular a la alcaldía de Leganés. Los socialistas han dicho que lo es porque está muy buena y fue elegida por una fotografía de cuerpo entero. Asquerosa vileza. Machismo brutal. En la fotografía aparece Guadalupe Bragado con una chaqueta, una camisa cerrada al cuello y unos pantalones. El que haya interpretado un mensaje sexual en esa imagen, o es un enfermo, o es un sádico, o es un machista, o es una envidiosa, o es un obseso compulsivo, o es un pajillero sin esperanzas o es un imbécil. Las feministas profesionales de la izquierda están afónicas. Hay que mandar un otorrino a casa de Lidia Falcón, también conocida como Lidia Tostón. Nadie del PSOE se ha disculpado por la grosería. En la Asamblea de Madrid, ni la decadente resentida Matilde Fernández ni la lacerante acaudalada Ruth Porta. La primera no sólo huyó de la disculpa sino que se enfadó con la candidata insultada por exigírsela. Gritos y argumentos de asistenta. «Lo que tienes que hacer es trabajar para las mujeres y aceptar el aborto libre.» Ahí sigue. Recuerden que Matilde Fernández fue la ministra socialista de Asuntos Sociales que negó una subvención de cuarenta millones de pesetas para becas de estudio a las víctimas del terrorismo. Y que al tiempo que cometía esa fechoría social —que irá con ella hasta que desaparezca de la política, que será muy pronto—, derrochaba el dinero en viajes a Libia para estudiar la genética de la lenteja, o en editar porquerías supuestamente feministas como *La Boletina*, en cuyas páginas se animaba a las mujeres a asistir a «Talleres de Masturbación», y que culminaba con la publicación del poema de una inmortal poetisa, Rosa María Roffiel, que desgranaba sus versos cantando a la vulva en los días de la menstruación. Así se gastaba el dinero público la ministra que se lo negaba a los hijos de las víctimas de la ETA. Y esa «feminista» de pitiminí, se niega a disculparse con una mujer cuyo único pecado, además de ser inteligente, es ser guapa y no haber asistido a los «Talleres de Masturbación» que ocupaban las páginas de su *Boletina*. Y la acaudalada tampoco. Cuando alguien se refiere en la Asamblea de Madrid a «la acaudalada», se sabe que es Ruth Porta, la socialista millonaria que ignora dónde está Ciempozuelos y no le importan los cuarenta millones de euros —ahora son euros— que han desaparecido por la magia de los ediles socialistas. Para Ruth Porta, también vibrante «feminista», no existe la posibilidad de disculpa con Guadalupe Bragado. Para todas ellas, las «feministas» del sistema, un comunicado tan vil y sucio como el redactado y publicado por los socialistas contra una mujer que se presenta a unas elecciones, no merece ningún tipo de disculpa. Han dicho de Guadalupe que su único mérito es estar buena y tener treinta años. Es de esperar que alguna de las payasas que se plantaron en el Congreso de los Diputados por un asunto infinitamente menor se atreva a situarse del lado de Guadalupe Bragado. Pero, o bien están enfermas o sufren de una angustiosa afonía. En definitiva, que nos regalan a los ciudadanos la libertad de pensar que son unas farsantes.

Las estás molestando, Guadalupe. No te rindas.

La Razón, *5 de noviembre de 2006*

El poder de los vencidos

Desde Madrid, que en la actualidad se halla a cuarenta mil kilómetros de Barcelona —es un milagro que se tarde tan poco tiempo en cubrir esa distancia—, las cosas se ven diferentes. Tengo para mí que el gran fracaso de Cataluña radica en sus políticos, alejados por fanatismos de aldea o intereses particulares de la callada armonía de la calle. La murga del Estatuto, que parecía tan primordial para los catalanes, se aprobó con una participación ciudadana ridícula. No tanto como un refrendo en Suiza, pero humillante para quienes manifestaban que toda la ciudadanía catalana estaba pendiente de la nueva norma autonómica. Más del cincuenta por ciento de los votantes no se acercaron a las urnas. La ciudadanía venció al Estatuto y a los políticos, incluidos los que gobiernan por aquí a cuarenta mil kilómetros de la plaza de San Jaime.

Y en las últimas elecciones, los catalanes, algo más animados, han superado por los pelos el cincuenta por ciento de participación. De nuevo, los partidos y sus dirigentes han sido rotundamente vencidos por los votantes. Ninguno puede considerarse vencedor. Todos necesitan de cabriolas ideológicas y saltos de cama para conseguir una mayoría que el pueblo catalán se ha negado a concederles. Cataluña ha escrito un bello y aterrador cuento con su desprecio a los políticos que dicen representarla. La tragedia millonaria de los vencidos. Por un lado, ellos; por el otro, las espaldas de los votantes. La legitimidad simple contra la ilegitimidad moral. ¿Quién puede considerarse vencedor en unas elecciones cuyo resultado exige que el propio triunfador se venza a sí mismo para poder gobernar?

En unos minutos, los que llevo escribiendo, se ha abierto aún más la distancia entre el centro de España y Cataluña. Leo los comentarios y declaraciones de todos los privilegiados derrotados y no atisbo ni una débil luz para la solución. Se habla de «pluralidad». Ni mucho menos. Para que se diera esa pluralidad política en Cataluña sería necesaria la participación masiva, o al menos abundante, de sus ciudadanos. Y el cuarenta y cinco por ciento de ellos no ha votado ni a CiU, ni al PSC, ni a ERC, ni al PP, ni a ICV, ni a los emergentes Ciudadanos. Esa participación menguada no tiene otra interpretación que la realidad de la derrota.

La política en Cataluña no será un ejercicio noble y cívico hasta que sea respaldada por una mayoría de sus ciudadanos, hartos de mejunjes, de prioridades falsas, de comisiones económicas, de enriquecimientos súbitos, de mensajes racistas, de superficialidades irritadas y de estupideces aldeanas.

Los políticos catalanes han conseguido ya la autodeterminación de Cataluña, que se ha independizado de la realidad y del sentido común. Irse del sentido común y de la realidad es mucho más difícil que marcharse de España. En Cataluña, los únicos vencedores de estas recientes elecciones han sido los ciudadanos. Los que han votado, porque se han apercibido de la irrealidad de sus votos, y los que no lo han hecho, porque han demostrado su perplejidad y descontento con quienes presumen de ser sus representantes. Cataluña es hoy una macedonia de frutas pasadas, una ensalada de contradicciones e incoherencias, un fabuloso territorio habitado por escépticos avergonzados a los que no les afecta nada que vayan un poco más allá de sus propias vidas y su estabilidad económica. Participación pobre, democracia enferma.

Desde aquí, tan lejos, se ve a todos derrotados. Mas vencido por Mas, Carod machacado por Carod, Montilla humillado por Montilla, Piqué destrozado por Piqué, Saura resignado por Saura. ¿Quiénes son ellos, incapaces de animar a los catalanes a votar, para gobernar a los catalanes? Ni pluralidad ni leches. Cansancio, agotamiento, pudor y desconcierto. Victoria de la desidia y el desprecio. Sonora y contundente irresponsabilidad ciudadana provocada por el hastío. «Que sigan con su tres por ciento, que sigan con su victimismo plañidero, que sigan con sus intercambios de poderes y beneficios, que sigan alentando la animosidad contra nosotros, los catalanes. Sigamos con la venda puesta y los medios de comunicación controlados. Sigamos, mientras nuestra economía no enferme, decididos a no enterarnos absolutamente de nada. Ellos en la Generalidad, en el Parlamento y en los municipios. Nosotros, ajenos a ellos, en nuestros trabajos, nuestras industrias y nuestra calle. Sólo cuando se vea afectada nuestra manera de vivir, reaccionaremos.»

La distancia se agiganta. Una Cataluña que se disputa el poder y la representación y otra Cataluña que calla y no se siente representada. La millonaria tragedia de los vencidos, que saldrán ganando todos, no les quepa la menor duda. Ganando para ellos, que no para los catalanes. Por eso, desde aquí, tan lejos, me siento libre para formular una pregunta: ¿Quién coño ha ganado?

La Razón, *7 de noviembre de 2006*

Me pinchan, y no sangro

La Cumbre Iberoamericana celebrada en Montevideo ha tenido el honor de ser el escenario de una de las majaderías más logradas de Zapatero. No hubo risotadas cuando la soltó, pero sí codazos y muecas de complicidad entre los mandatarios que la oyeron. La escena no pudo ser otra que la, a continuación, descrita. Un Zapatero serio y trascendente. La voz impostada. La expresión, concentrada y serena para reafirmar la bobada que se disponía a pronunciar. Y al fin, el esperado riachuelo de sus palabras: «El cambio climático ha producido ya más víctimas que el terrorismo.» Cambiemos de escena y acudamos todos a un congreso de prestigiosos oncólogos. Y uno de ellos, ante sus sabios colegas, se incorpora, se envara y a modo de conclusión definitiva, afirma: «El cáncer ha producido más víctimas que el terrorismo.» Los oncólogos se mirarían los unos a los otros como preguntándose: —Y este tío, ¿de qué va?—.

¿Quién le escribe los discursos a Zapatero? Y una segunda pregunta: ¿Los lee con anterioridad a pronunciarlos? La respuesta afirmativa a una tercera cuestión es motivo suficiente para huir de España: ¿Los piensa y los escribe él mismo? En tal caso, y ante un auditorio de víctimas del terrorismo, les trasladaría sin rubor alguno, la siguiente reflexión: —No debéis preocuparos, porque está demostrado que la bomba atómica lanzada sobre Hiroshima ha causado más víctimas que la ETA—. Este sentido del argumento de Zapatero me recuerda a un dibujo de la primera época de Antonio Fraguas, Forges, que en mi opinión, fue la mejor. Se veía a dos vaqueros atacados por los indios. Ambos tenían las enormes narices, los hombros y los brazos atravesados por flechas. Y uno le comentaba al otro. —Son sioux—; —Yo creo que son comanches—, decía el segundo; a lo que el primero replicó: —Pues no sabes el peso que me quitas de encima—.

Durante la terrible hambruna que sufrió Etiopía, una señora muy conocida y bastante nacionalista de Guecho dejó caer este comentario mientras tomaba el aperitivo: «Lo de Etiopía es terrible, pero lo nuestro también es preocupante. Hace tres semanas que no llueve en Bilbao.» De conocerla Zapatero, le habría copiado literalmente la sorprendente y original reflexión. El problema es que, cuando el presidente de un Gobierno democráticamente elegido —aunque en su caso influyeran factores accidentales para conseguirlo— suelta en altos foros internacionales clamorosas chorradas, los que quedamos mal somos los españoles, que ninguna culpa tenemos. En mi caso, no tengo culpa ni de haberlo votado, porque no lo hice ni lo haré jamás, revelación que estimo innecesaria y poco noticiable, por otra parte.

Le brindo una buena frase para su próxima aparición pública. Podría ser en la inauguración de algún acontecimiento deportivo. Una expresión aguda, trascendente y plena de convicción. Simultáneamente, comprensible para todos a pesar de su innegable mensaje. Creo que la que sigue es la mejor: «No podemos olvidar que el fútbol tiene muchos más aficionados que el judo.» Y una gran ovación.

Este hombre, que ya estaba abajo cuando se encontró arriba, no da la talla en nada. Pienso que es nuestro presidente, me pinchan, y no sangro.

ÍNDICE GENERAL

OTROS TÍTULOS DEL AUTOR

CRÓNICA DEL DESASTRE

ALFONSO USSÍA

Ante todo, debo reconocer que me preocupa mucho tener de presidente del Gobierno de España a un señor que ha gastado más de seiscientas horas de su vida viendo la película de Walt Disney *Bambi.* Yo la vi una vez de niño y no me pareció nada del otro mundo. Y también, como el señor Rodríguez Zapatero, la soporté con y por mis hijos que también eran pequeños, en una segunda ocasión. Ni mis hijos ni yo le concedimos a *Bambi* la tercera oportunidad. Ahora comprendo muchas cosas. Un señor que ha visto quinientas veces *Bambi* es lógico que tenga un ministro como Moratinos, un socio como Maragall y un jefe como Carod-Rovira.

La Razón, 21 de noviembre de 2004

El pensamiento de Zapatero sobre la política internacional, la reforma de la Constitución y su idea del diálogo y del talante: Bla bla bla bla bla bla bla bla. Bla bla, bla bla bla bla bla bla bla bla bla...

La Razón, 25 de mayo de 2005

Londres es la capital de una nación valiente. Ciudad abierta de Inglaterra al mundo. Ciudad masacrada por los terroristas islámicos, como Madrid en su día, como Nueva York en el suyo. Pero los ingleses no van a reaccionar como los españoles, patéticas gallinas cacareantes. Allí los culpables sólo son los terroristas. En Inglaterra no se va a proceder a masacrar a Blair ni a su Gobierno, como hicieron en España los manipuladores con Aznar y sus ministros. Allí, en Inglaterra, las diferencias políticas e ideológicas se duermen cuando las circunstancias demandan la unidad, el orgullo común, el patriotismo. Allí hay muertos como en Madrid, pero no tienen sitio ni lugar los difamadores ni las plañideras. Londres ha sido atacada por el terrorismo del Islam y sólo a sus asesinos se les señala como criminales.

La Razón, 9 de julio de 2005

PATRIOTAS ADOSADOS

Alfonso Ussía
Antonio Mingote

«El conocido poeta y catedrático de Humanidades Juan Idígoras ha manifestado que el Congreso de los Diputados es una cueva de ladrones.» (1991)

«Sospecho que a Arzallus le dijeron demasiado pronto que los Reyes Magos eran los padres, y está enfadado desde entonces. Lo entiendo pero ya ha tenido tiempo para calmarse un poco.» (1995)

«Al conducto que comunica a la faringe con el oído medio hay que cambiarle el nombre. De trompa de Eustaquio a trompa de Arzallus. Eustaquio no tiene nada que hacer al lado de Arzallus, y lo sentimos por Eustaquio y sus admiradores. El reverendo ex padre ha superado, incluso, las proezas de Alfonso Guerra, también conocido como "el oyente". Pues "el oyente", comparado con Arzallus, está más sordo que una tapia.» (1996)

«Preocupa, no obstante, que el consumo habitual de carne de gallina "goli-gorri" y de miel de abeja autóctona vasca —o guipuzcoana— no parece la dieta más conveniente para luchar contra la alopecia. Anasagasti tiene ya, más que una ensaimada, un tortel. Arzallus se ha quedado como una bola de billar, y Eguíbar lleva el mismo camino. Claro, que una calva nacionalista es siempre más feliz en la independencia que en la Constitución.» (2000)

«La diferencia es que en el Congo, los tutsis odian a los hutus y los hutus a los tutsis, y en las Vascongadas, los tutsis asesinan a los tutsis que no piensan como ellos, valiéndose de los hutus que quieren ser reconocidos como tutsis a cambio de su colaboración con los crímenes. Una tragedia incomprensible para cualquier mente normal y equilibrada, por cuanto en España la convivencia racial es fundamento de su razón de ser.» (2001)

DEL COSCORRÓN A LA SEDA

ALFONSO USSÍA

DE : «LAS ALEGRES ERRATAS»:

«El humor en el periodismo no está sólo en el contenido de los artículos o comentarios a él consagrados, sino en la involuntariedad del patinazo en lo solemne. Así, nadie que escriba de humor o con humor ha podido superar el impacto social de aquel periódico navarro que en su primera página, y a tres columnas, anunciaba: "A pesar de la crisis vocacional el señor obispo ordeñó ayer a sesenta nuevos sacerdotes." Y eso, a pesar de la crisis vocacional, crisis que de acuerdo con la noticia, no termino de entender.»

DE : «LOS SENOS EN LA POESÍA ESPAÑOLA»:

«El desnudo de una mujer se resume en los senos. Y el deseo, y la vida, la maternidad, el otoño y la pesadumbre. "Senos dormidos bajo el sudario infame/permíteme, Señor, que aún los sueñe/permíteme, Señor, que aún los ame." Recuerda Ramón Gómez de la Serna que lo más esfíngico de la esfinge no es su sonrisa, ni sus ojos, ni su frente, sino sus senos, en los que el secreto de la materia está cuajado como en ninguna otra forma.»

DE : «DE BEETHOVEN A ANTONIO ORDOÑEZ»:

«La música del toreo no es la callada, sino la trepidante, armónica, triste y melodiosa de los genios. Ordóñez, en tristeza de olvido, en película antigua, es la Séptima Sinfonía toreada. Después, los sombreros al aire, los ramos de romero, las flores perdidas, los besos de las mujeres bañados en lágrimas, la emoción de los hombres que lloran sin vergüenza. Porque en el toreo, como en la música, como en la pintura, como en la poesía, el secreto es sólo uno. Rozar el cielo cuando Dios lo permite.»

ZAPATERO A TUS ZAPATOS

ALFONSO USSÍA

«El secretario general del PSOE, Rodríguez Zapatero, no estaba entre los niños de aquel escindido "Corro de la patata". Y si tenía ama, sería berciana, que las hubo estupendas. Lo que nadie duda, y menos aún después del pasado domingo, es que de haber practicado el juego de marras sería el "tonto del atupé", el "bobo del achupé" o como se diga en León. Y que lo practicó es seguro, porque todos los españoles que presenciaron el desfile militar en la Castellana comprobaron que domina a la perfección de los secretos y trucos del infantil pasatiempo.»

(15 de octubre de 2003)

«Lo que se pretendía era ofrecer los sobrantes a otras zonas de España cuyas tierras se mueren de sed. Eso es lo que los políticos y economistas cursis llaman "optimizar los recursos". Pues nada, Zapatero ya han anunciado que su intención es "pesimizarlos". La próxima será declarar a la Virgen del Pilar exclusivamente aragonesa y quitárnosla al resto de los españoles.»

(17 de abril de 2004)

«Otra cosa es la sonrisa de Zapatero, que es camuflaje de la ignorancia de otros idiomas. Se ríe porque no sabe lo que le ha dicho Chirac y no puede seguirle la broma. Moratinos habla muy bien, como todos los diplomáticos, el inglés y el francés y tendría que estar más seguro de sí mismo.»

(20 de junio de 2004)

ESTE LIBRO SE ACABÓ DE IMPRIMIR
EL DÍA 24 DE NOVIEMBRE DEL 2006
EN LOS TALLERES DE
ROMANYÀ VALLS, S. A.
SIENDO ENCUADERNADO
EN LOS TALLERES
DE LIBERDÚPLEX, S. L. U.